이 땅의 모든 수봉과 그 후손들에게
이 책을 바친다

노비에서 양반으로, 그 머나먼 여정 – 어느 노비 가계 2백 년의 기록

초판 10쇄 발행 2024년 3월 18일
초판 1쇄 발행 2014년 9월 1일

지은이 권내현
펴낸이 정순구
책임편집 조원식
기획편집 정윤경 조수정
마케팅 황주영

출력 블루엔
용지 한서지업사
인쇄 한영문화사
제본 한영제책사

펴낸곳 (주) 역사비평사
등록 제300-2007-139호 (2007. 9. 20)
주소 10497 경기도 고양시 덕양구 화중로 100 비젠타워21, 506호(구주소 : 화정동 968)
전화 02-741-6123~5
팩스 02-741-6126
홈페이지 www.yukbi.com
이메일 yukbi88@naver.com

ISBN 978-89-7696-547-9 93910

책값은 표지 뒷면에 표시되어 있습니다.
잘못 만들어진 책은 구입하신 서점에서 바꾸어 드립니다.

노비에서 양반으로, 그 머나먼 여정

– 어느 노비 가계 2백 년의 기록

권내현 지음

역사비평사

노비에서 양반으로, 그 머나먼 여정

차례

프롤로그 · 7

1장. 노비로서의 삶

1. 김흥발의 아버지, 수봉 · · · · · · · · · · · · · · · 12

1717년 김흥발의 호적 / 평민 군역자 / 의심스러운 가계 / 수봉은 노비인가 /

수봉의 가족

2. 수봉의 주인, 심정량 · · · · · · · · · · · · · · · · · 28

양반과 노비 / 심정량의 부인, 유씨 / 심정량의 첫 부인, 이씨 / 또 다른 여성들 /

처가살이의 흔적 / 신분이 다른 자녀들

3. 심정량의 노비들 · · · · · · · · · · · · · · · · · 52

적지 않은 노비 / 수봉의 친척 / 상속되는 노비들 / 도망하는 노비들

4. 수봉의 아들들 · · · · · · · · · · · · · · · · · 68

갓동이는 개똥이 / 수많은 돌쇠와 마당쇠 / 두 명의 김흥발 / 상상 _ 김흥발의 진실

2장. 평민 혹은 그 이상

1. 평민의 조건 · · · · · · · · · · · · · · · · · 82

노비로부터의 해방 / 노비를 소유한 노비 / 노비의 성과 본관 / 성씨를 얻다

2. 정착과 이주 · · · · · · · · · · · · · · · · · 95

거주민의 구성 / 떠나는 자들 / 혼란스러운 이름 / 심씨가의 집거

3. 수봉가의 배우자 · · · · · · · · · · · · · · 113

동성동본혼의 흔적 / 성씨가 다른 딸 / 수봉가의 배우자들 / 재혼 풍경

4. 중간층으로의 이동 · · · · · · · · · · · · 132

군역이라는 굴레 / 군역을 회피하는 사람들 / 중간층으로 올라가다 /

변하는 여성의 지칭

3장. 양반을 꿈꾸다

1. 유학으로의 상승 · · · · · · · · · · · · · · 148

유학이라는 직역 / 유학이 되다 / 늘어나는 유학 / 유학은 양반인가

2. 새로운 도전 · · · · · · · · · · · · · · · · · 161

도전과 좌절 / 본관의 우열 / 본관을 바꾸다 / 심씨가의 침체

3. 양반 문화의 수용 · · · · · · · · · · · · · · 177

대를 잇기 위한 입양 / 일시적인 입양 / 입양의 수용 / 부계가족의 탄생

4. 이루지 못한 것들 · · · · · · · · · · · · · · 191

동성 촌락 / 전통 양반 성씨와의 통혼 / 학문적 성취

에필로그 — 그들의 미래 · · · · · · · · · · · · 199

더 읽어볼 만한 자료 · · · · · · · · · · · · 202

프롤로그

    18세기의 노비 시인 정초부(鄭樵夫, 1714~1789)가 죽자 주인 여춘영(呂春永, 1734~1812)은 벗처럼 여겼던 그를 묻고 돌아오는 길에 "삼한 땅에 명문가 많으니 다음 세상에는 그런 집에서 나게나"라고 읊조렸다. 노비 출신이 시인으로 당대에 이름을 드날린 것도 특이하지만, 주인이 그를 오랫동안 벗으로 대우한 것도 흔한 일이 아니었다. 정초부가 양반들로부터 대우를 받은 것은 그가 글을 익혔을 뿐만 아니라 아름다운 시들을 남겼기 때문이다. 그것은 한편으로 그의 재능을 알아본 주인 여춘영의 배려가 있어서 가능한 것이기도 했다.

    하지만 대다수의 노비에게 학문의 탐구나 지배층의 배려란 비현실적인 꿈이었을 뿐이다. 그것은 노비가 지적 능력을 타고나지 못했거나 노비주들이 한결같이 부도덕한 인간들이어서가 아니었다. 노비는 신분제의 속박에 따라 대대로 주인가에 예속된 소유물이었고, 주인들의 관심은 오로지 그들의 경제적 가치에 집중되기 마련이었다. 물론 그러한 속박을 노비들이 원한 것은 결코 아니었다. 자신의 의지와는 무관하게 출생의 순간 그들을 기다린 것은 노비라는 예속의 삶이었던 것이다.

    노비들에게는 대개 세 가지의 선택지가 주어지게 된다. 신분적 억압을 숙명으로 받아들이고 최소한의 생계를 보장받는 대신 주인가에 노동력을 제공하며 일생을 보내는 길이 그 하나다. 이와는 대척점에 있는 선택지로는 도망 같은 소극적 방식으로 혹은 기존의 사회질서에 대한 전복을 꾀하는 적극적 방식으로 저항을 시도하는 길이 또 다른 하나다. 마지막으로 경제적 성장을 활용하거나 군공을 세우는 등의 방식으로 합법적인 면천을 도모하는 길이 있을 수 있다.

왜란과 호란, 두 차례의 전쟁 경험과 조선 사회의 경제적 성장은 노비들에게 신분 해방이라는 또 다른 삶의 기회를 제공했다. 많은 노비들은 합법적, 비합법적 수단을 동원해 노비로서의 삶에 종지부를 찍었을 뿐만 아니라, 일부는 더 상위의 신분으로 올라서기를 원했다. 하지만 노비 신분에서의 해방이 쉬운 일이 아니었듯이, 평민을 넘어서는 사회적 지위의 획득 역시 간단한 일이 아니었다. 그럼에도 불구하고 그들은 몇 세대를 거친 기나긴 여정을 통해 상위 신분인 양반에 접근해 나갔다.

이 책은 신분제 사회인 조선에서 양반을 꿈꾸었던 한 노비 가계의 2백년의 이력을 기록한 것이다. 원래 계간 『역사비평』에 짧은 논문으로 발표했던 내용을 확대해 한 권의 책으로 엮었다. 주인공인 노비의 가계와 그를 둘러싼 주변 인물들을 추적하는 데 활용된 주 자료는 호적대장이다. 양반이나 국가의 손을 거쳐 만들어진 노비들에 대한 단편적인 기록은 많지만, 그들의 가계를 복원하는 데 호적만큼 중요한 자료는 없다. 다만 현존하는 호적의 양이 많지 않고 호적에 전체 인구가 다 들어가 있는 것도 아니어서, 가계 복원이 완벽할 수는 없다. 그렇지만 한 가계의 호구에 관한 단순 기록을 최대한 수합해 놓고 보면, 그들 삶의 여정이 불완전한 상태로나마 되살아난다.

따라서 이 책은 호적을 통해 복원한 하천민의 성장사이기도 하다. 그런 점에서 역사에 대해 높은 수준의 관심을 가진 이들에게 이 책은 조선시대의 호적에 대한 입문서 역할을 할 수 있을 것이다. 조선시대 상위 신분인 양반은 소수에 불과했고, 인구의 절대다수는 평민이나 노비 같은 하천민이었다. 그 가운데 많은 이들이 자신을 가로막고 있던 사회적 장벽을 뛰어넘기 위해 노력했다. 그 방향은 양반 기득권의 직접적인 해체가 아니라 모두 다 양반이 되는 독특한 길이었지만, 근대 이후 적어도 관념적으로는 상당한 성취를 이루기도 했다. 그러므로 이 책은 어떤 의미에서 오늘날 다수의 한국인들에게 잊힌 그들의 선대에 관한 기록의 복원이기도 하다.

노비에 비해 다양한 신분적 특권을 향유했던 양반들도 그들 내부에서의 상호 경쟁은 매우 치열했다. 양반들의 꿈이었던 관료로의 진출 기회는 보통 소수의 과거 합격자에게만 주어지기 마련이었다. 경쟁의 외연이 확대되는 것을 꺼렸던 그들은 자신의 서얼이나 중인, 향리 출신들이 관료로 나갈 수 있는 길을 차단하고자 했다. 그럼에도 불구하고 시간이 지날수록 대다수의 양반들 역시 평생 관직에 접근할 수 없었다. 지역 사회 내부에서의 권력이나 경제력도 축소 과정에 있었는데, 새롭게 형성되었던 부계 중심 가족과 친족 질서가 그들의 불안에 대한 일종의 방어막 구실을 했다.

하천민 출신들의 염원은 대다수 양반들도 기대하기 어려웠던 관료가 되는 데 있지 않았다. 그들의 당면 목표는 자신들에게 덧씌워진 억압의 굴레를 벗어던지는 것이었다. 노비들은 신분 해방을 꿈꿨고, 평민으로 성장한 이후에는 불평등한 군역 부과에서 벗어나고자 했다. 그 과정에서 사회적 지위를 서서히 상승시켜 나갔던 그들은 점차 타 신분과의 구분을 가능하게 했던 양반들의 전유물을 하나씩 획득하기 시작했다. 양반들의 가족 질서도 모방의 대상이었는데, 이 역시 그들의 생존과 성장에 유리하게 작용했다.

이 책에서는 호적을 활용해 그러한 과정을 구체적으로 기술하려고 했
다. 간혹 흥미로운 내용들도 있지만, 하천민의 삶을 희화화하려는 의도는
아니다. 다만 양반들이 출생과 동시에 얻었던 조건을 이들이 몇 세대를 거
치며 획득해 나가는 과정을 설명하기 위한 장치일 뿐이다. 그런 점에서 주
인공과 그의 가계는 분석의 대상일 뿐이지 그 자체로서 특별한 의미가 있
는 것은 아니다. 주인공의 후손들 역시 특정한 인물이 아니라 평범하게 일
상을 살아가는 오늘날 대다수의 한국인이다.

신분제 사회에서 양반들이 자신의 가계를 좀 더 화려하게 보이도록 기
록의 윤색을 시도했다면, 하천민들은 자신의 가계를 지우기 위해 노력했
다. 그 과정에서 외형상 새로운 양반 가계가 탄생하지만, 그것은 개인 차원
의 욕망을 넘어선 사회구조적인 현상이었다. 양반을 모방한다고 해서 곧
바로 양반 대우를 받았던 것은 아니었으나, 모방 역시 신분제 극복에 기여
했음은 분명해 보인다.

하천민 가계의 양반 모방은 양반 문화의 수용으로 이어졌으며, 나아가
그들이 가진 지식에도 서서히 관심을 갖는 계기가 되었다. 노비 시인 정초
부가 양반들로부터 대우를 받았던 것은 그들이 독점해온 지적 영역에 하
천민 출신이 발을 들여놓았기 때문이다. 하지만 조선 후기까지 학문을 비
롯한 지적 영역에 접근한 하천민 출신은 극소수에 불과했다. 그것은 근대
이후 그들 앞에 놓인 새로운 도전 과제였다. 그런 점에서 이 책 역시 양반
의 외적 조건과 그들의 가족 문화를 하천민들이 갖추어 나가거나 모방했
던 시기까지만 다루었다.

1장. 노비로서의 삶

1. 김흥발의 아버지, 수봉

1717년 김흥발의 호적

1717년 경상도 단성현 호적대장에 등장하는 김흥발이라는 인물로부터 이 이야기를 시작하려고 한다. 조선시대의 호적대장은 3년마다 전체 거주민을 대상으로 작성하는 것이 원칙이었다. 하지만 실제로는 국가 운영에 필요한 수만큼만 기재했기 때문에 많은 사람들이 빠져 있었다. 그 내용은 호(戶)의 대표자인 주호(主戶, 호주) 부부와 그의 조상 및 가족, 그리고 소유한 노비에 대한 정보를 담고 있었다.

여기서 호적대장에 주목하는 것은, 많은 사람들이 빠져 있다고는 해도 조선시대의 평범한 인물들에 대한 정보가 이만큼 방대하게 기록된 자료가 없기 때문이다. 글을 아는 양반들은 다양한 형태의 문서를 스스로 남겼지만, 평범한 하천민들이 남긴 자료는 찾아보기가 힘들다. 그들에 대한 기록은 국가나 지배층의 손을 거치는 것이 일반적이어서 내용이 매우 소략하고 단편적일 수밖에 없었다.

호적대장 역시 국가에 의해 공식적으로 만들어진 기록물이고 그 내용도 단편적이지만, 당시 인구의 절대다수를 이루었던 하천민들만큼은 무수하게 등장한다. 그들에 대한 소략한 기록을 읽고 또 읽다 보면, 마치 자신들의 이야기를 호적을 통해 조금씩 풀어 놓은 듯하다. 때로는 짧은 기록을 퍼즐 조각 맞추듯이 하나씩 끼워 맞추면, 한 인물이나 가계의 구구절절한 삶의 모습이 되살아나기도 한다.

그러면 처음으로 돌아가 1717년 김흥발의 호적을 우리말로 풀어보자.

고읍대촌 제1통 통수 어영청 보인 김흥발

제1호 어영청 보인 김흥발 나이 49세 기유생 본관 김해

아버지 납속통정대부 수봉 조부 어련 증조부 이동 외조부 이금금 본관
영동

부인 변소사 나이 43세 을묘생 본관 초계

아버지 통정대부 해금 조부 해룡 증조부 덕수 외조부 사노 정립

아들 벽계역 김귀봉의 보인 김이달 나이 17세 신사생

며느리 주소사 나이 17세 신사생

아들 금철 나이 5세 계사생

당시 고읍대라는 마을의 1통 1호에 거주했던 김흥발은 부인과 2명의
아들을 두었고 17세인 첫째 아들은 동갑내기와 결혼을 한 상태였다. 김흥
발은 고읍대촌 제1통의 여러 잡다한 행정 업무에 대한 책임을 맡은 통수이
기도 했다. 오늘날의 통장이나 반장에 해당하는 통수는 자질구레한 행정
실무를 처리해야 했기 때문에 양반들은 맡지 않았다. 하나의 통에는 모두
다섯 호가 소속되도록 해서 호구의 이동에 대한 보고나 세금 납부 등에 관
한 일들을 통수가 책임지도록 했는데, 이를 오가작통제(五家作統制)라 부
른다.

국왕을 중심으로 한 중앙의 행정 기구 아래 각 도에는 감사가, 군현에

古邑大村 第一統統首 御保 金興發

第一戶 御保 金興發 年 肆拾玖 己酉 本 金海

父 納粟通政大夫 守奉 祖 於連 曾祖 以東 外祖 李今金 本 永同

妻 卜召史 年 肆拾參 乙卯 本 草溪

父 通政大夫 海金 祖 海龍 曾祖 德守 外祖 私奴 丁立

子 碧溪驛 金貴奉保 金伊達 年 拾柒 辛巳

婦 周召史 年 拾柒 辛巳

子 金哲 年 伍 癸巳

는 수령이, 그리고 면에는 면임이, 리에는 리임이 존재했고, 그 말단에 통수들이 있었다. 조선 왕조는 이처럼 수직적인 행정 계통을 통해 일반 민들을 관리하고 통제했으며 호적대장도 그러한 산물의 하나였다. 식민지 시대에는 주민 통제가 더욱 강화되어 일본식 호적 제도와 호주제가 조선에서 실시되었다. 그에 따라 호주의 본적지에 가족들을 편입시킴으로써 본적지와 실제 거주지가 일치하지 않는 상황이 근래까지 지속되었다. 반면에 조선의 호적대장은 오늘날의 주민등록부처럼 주민의 거주지를 중심으로 만들어진 것이었다.

따라서 김흥발은 1717년 당시에는 고읍대라는 마을의 1통 1호에 실제로 거주했다. 다만 호적대장이 3년마다 한 번씩 만들어질 때 빠지거나 새로 들어오는 호가 생기면서 통호의 숫자는 바뀔 수 있었다. 김흥발의 호도 1통 1호에서 2통 1호, 1통 5호, 4통 1호로 수시로 바뀌어 나갔다. 변화하는 통호의 숫자보다 오히려 중요한 것은 그가 어떤 직역을 맡고 있었는가 하는 점이었다.

평민 군역자

김흥발의 직역(職役)은 어영청 보인이었다. 조선 왕조는 사회적 신분을 고려해 개인이 국가에 부담해야 할 의무인 직역을 부과했다. 양반은 관직을 얻으면 그것이 곧 직역이 되어 별도의 역을 지지는 않았다. 누군가가 이조판서나 동래부사라면 그의 직역은 관직명과 일치했고, 만일 그가 관직에서 물러나면 호적상의 직역은 원래의 관직명 앞에 전(前) 자가 붙어 전 이조판서, 전 동래부사가 되었다. 과거에 합격하지 못해 아직 관료가 되지 못한 양반은 보통 유학(幼學)이라는 직역을 부여받았다. 이들 유학 역시 군역 같은 역을 별도로 지지 않아도 되었다.

양반들의 직역에 일정한 특혜가 반영된 데 반해, 평민들의 직역에는 다양한 형태의 의무와 부담이 지워졌다. 그들 대다수는 군역자여서 정병, 수군, 보인 같은 역의 종류와 내용이 바로 그들의 직역명이 되었다. 일부는 수철장가마솥이나 제기 따위의 쇠 그릇을 만드는 사람, 유기장놋그릇을 만드는 사람 같이 장인의 직역을 가진 경우도 있었다. 평민보다 신분이 낮은 노비는 소속에 따라 공노비와 사노비로 나뉘는데, 다수는 소유권이 개인에게 있는 사노비들이었다.

김홍발은 도성 방어를 책임지던 어영청에 소속된 군인을 보조하는 보인이었다. 그는 서울로 직접 올라가 어영청에서 군인 노릇을 한 것이 아니라, 매년 군역의 대가로 군포를 어영청에 바치고 있었던 것이다. 군역은 원래 천민인 노비가 아니라면 성인 남성은 다 지게 마련이었지만, 양반가의 자제들이 빠져나가면서 조선 후기에는 평민들만 군역을 부담했다. 따라서 김홍발은 당시 군역을 지는 평범한 평민 신분의 남성이었다.

김홍발이 평민이었기 때문에 그의 부인 변소사 역시 평민일 가능성이 높았다. 조선시대 여성은 노비층을 제외하고는 자신의 이름을 공식적인 문서에 기재하지 않았다. 여성들은 어린 시절 사적으로 불렸던 이름이 있었다고 하더라도 성인이 되어 결혼한 뒤에는 자신의 이름을 드러내지 않는 것이 관행이었다. 이름을 사용하지 않던 여성들을 구분하기 위해 특별한 지칭어가 필요했는데, 양반 여성은 성씨 뒤에 씨(氏), 중인 여성은 성(姓), 평민 여성은 소사(召史)라는 용어를 붙여 신분 또는 계층을 구분했다. 예를 들어 성씨가 '변'인 여성이 양반 출신이라면 '변씨', 중인이라면 '변성', 평민이라면 '변소사'라고 했던 것이다. 만일 이런 지칭어가 아니라 이름을 그대로 사용했다면 그 여성은 노비 같은 최하천민일 가능성이 높았다. 김홍발의 부인은 변소사였으므로 평민 출신임을 알 수 있다.

직역과 지칭어로 미루어 보건대, 김홍발 부부는 의심할 여지없이 전형적인 평민 신분의 인물들이었다. 신분이란 원칙적으로 혈통을 따라 세습되었으므로, 김홍발의 두 아들 역시 평민에 속했다. 큰아들 이달은 인근 벽계역의 역리였던 김귀봉을 경제적으로 지원하는 보인이었다. 아버지와 달리 군사 기관이 아닌 교통 기관에 소속되었다는 차이가 있지만, 평민 직역을 가진 것만은 틀림이 없었다. 며느리 역시 주소사라고 했으니, 평민 출신의 여성이었다. 둘째 아들 금철은 아직 5세로 어려서 직역이 없었지만, 성인이 되면 평민들이 맡았던 다양한 직역 가운데 하나를 의무적으로 지게 될 것이었다.

의심스러운 가계

호적에 기재된 여러 내용을 근거로 볼 때, 김홍발과 그의 가족은 모두 평민 신분으로 단정할 수 있다. 이제 남은 내용은 김홍발 부부의 사조(四祖), 즉 아버지와 조부, 증조부, 외조부에 관한 정보다. 먼저 김홍발의 아버지 수봉은 직역이 납속통정대부였다. 국가에 상당량의 곡식을 바치고 정3품에 해당하는 통정대부라는 관품을 얻은 인물인 것이다. 물론 이때의 관품은 실질적인 관직과는 거리가 먼, 명예를 얻은 것에 지나지 않았다. 하지만 일반 하천민들과는 달리 국가에 어려움이 있을 때 곡식을 바칠 만큼 경제적 여유가 있었던 인물이었다는 점은 인정해야 한다.

문제는 나머지 인물들이다. 김홍발의 조부 어련과 증조부 이동, 외조부 이금금은 모두 직역이 기재되지 않았다. 평민이라면 주로 군역 명칭으로 나타나야 할 직역이 보이지 않는 것이다. 김홍발이 조상의 직역을 기억하지 못해서일까, 아니면 의도적으로 누락시킨 것일까? 아버지 수봉의 직역을 납속통정대부로 당당히 밝히고 있는 것으로 볼 때, 나머지 조상들에 관해서는 무엇인가 감추고 싶은 내용이 있었을지도 모르겠다. 김홍발이 살았던 고읍대의 이웃 마을에는 그의 두 형제인 김학과 김갓동이가 살고 있었다. 이들 두 형제의 호적에서도 아버지 수봉만 납속통정대부로 기재되어 있고 나머지 조상의 직역은 드러나 있지 않았다. 김홍발뿐만 아니라 그의 형제들 모두 조상의 직역을 기억하지 못했거나 의도적으로 빠뜨린 것이다.

기억상의 문제인지 의도적인 누락인지를 확인하기 위해 3년 뒤의 호적을 살펴보았다. 1720년 호적에서 김홍발의 가계를 보면, 아버지 수봉은 납속통정대부 그대로였지만 조부와 증조부의 직역은 갑자기 정병으로 기재되어 있다. 직역이 없었던 외조부 역시 양인으로 표기되어 있었다. 정병은 평민 군역의 일종이고 양인도 평민에 해당하므로, 김홍발은 이때 부인과 며느리는 물론 직계 조상까지 모두 평민인, 완전한 평민 가계의 인물이

된 것이다. 이는 김홍발 형제의 호적에서도 공통으로 확인되는 사실이다.

1717년 호적에 없었던 조상의 직역이 3년 뒤에 새로 기재된 것은, 김홍발과 그의 형제들이 그때 갑자기 조상의 직역을 기억해냈기 때문은 아닐 것이다. 오히려 그들이 조상의 직역을 새롭게 만들어냈다고 보는 것이 합리적이다. 그렇다면 그 전까지는 조상의 직역을 굳이 드러내고 싶지 않은 사연이 있었던 것으로 보인다. 직계 조상의 직역을 감추거나 바꾸고 싶었던 이유는 무엇일까.

이번에는 1717년 김홍발의 부인 변소사의 가계를 보자. 변소사의 아버지 해금도 수봉과 마찬가지로 통정대부라는 직역을 갖고 있었다. 하지만 조부 해룡과 증조부 덕수에게는 역시 직역이 보이지 않는다. 그런데 외조부 정립은 사노였다. 변소사는 평민이었지만 그의 외조부는 노비였던 것이다. 조선시대에는 아버지나 어머니 가운데 한 사람이라도 노비이면 그 자녀는 모두 노비가 되는 일천즉천(一賤則賤)이라는 원칙이 통용되는 시기가 오랫동안 존재했다.

변소사의 외조부가 노비라면, 외조모가 노비였느냐 평민이었느냐에 상관없이 그의 자녀들, 즉 변소사의 어머니와 그녀의 형제자매는 모두 노비가 될 수밖에 없었던 것이다. 변소사의 어머니 곧 김홍발의 장모가 만일 속량(贖良)되어 평민 신분을 얻지 못했다면, 그녀는 평생 노비로 살았을 것이다. 1717년 변소사는 이미 평민 신분으로 상승했는데, 이것이 그녀의 당대에 이루어진 일인지 부모 세대에 성취된 일인지는 알 수 없다. 분명한 것은 그녀의 외조부가 노비였고, 따라서 김홍발은 노비 가계로 이어지는 여성과 결혼을 했다는 점이다.

수봉은 노비인가

김홍발의 호적에서 조상의 직역이 기재되지 않았다는 단순한 사실로부터 우리는 그의 가계를 의심해볼 수 있는 근거를 갖게 되었다. 더구나 그 뒤의 호적에서 없었던 직역이 갑자기 생겼기 때문에 의문은 더 커졌다. 이러한 의문을 해결할 수 있는 거의 유일한 방법은 1717년 이전의 호적을 살펴보는 것이다. 하지만 아쉽게도 조선시대에 만들어진 호적이 오늘날 모두 남아 있는 것은 아니다.

조선 후기에는 각 군현에서 3년마다 호적을 만들 때 모두 3부를 작성해서, 1부는 해당 고을에서 보관하고 나머지는 감영과 한성부로 올려 보냈다. 전국의 모든 군현이 3년마다 3부씩 호적을 만들었다면 그 수량은 엄청날 것이지만, 대다수는 소실되고 일부 지역의 호적만 부분적으로 현존하고 있다. 몇몇 지역의 호적은 현재 일본으로 넘어가 있기도 하다.

단성현의 호적도 모두 남아 있는 게 아니라, 1717년 이전의 것으로는 1606년과 1678년 두 해분만 전해지고 있다. 1606년 호적에서는 김홍발의 조상을 찾을 수가 없다. 또한 1678년 호적에서도 홍발이 살았던 고읍대 마을 외에 면 단위인 도산면 전체의 호적을 살펴보아도 김홍발이나 김수봉이라는 인물은 보이지 않는다. 이제 남은 방법은 김이라는 성씨를 지우고 수봉이라는 이름만으로 확인해보는 것이다.

그렇게 하니 과연 수봉이라는 인물이 주호로 한 사람 등장한다. 그런데 그는 평민이 아닌 사노비였다. 1678년 수봉의 호적을 자세히 보자.

사노 수봉 나이 32세 정해생 본관 김해 주인 단성현 거주 심정량

아버지 사노 갓복 조부 증조부 모름 어머니 사비 숙향 외조부 사노 단문 본관 안동

부인 사비 자목 나이 27세 임진생 주인 성주 거주 군관 도시담

아버지 사노 금금이 어머니 사비 애춘 조부 이생 외조부 금복

아들 반노 금학 나이 4세 을묘생

이 호적에 나오는 수봉은 사노비다. 그의 아버지와 어머니, 외조부도 모두 사노비였다. 분명히 조부와 증조부 역시 사노비였을 텐데 이름조차 기억하지 못하고 있었다. 그의 부인 자목과 그녀의 가계도 사노비 출신이었다. 따라서 1678년 호적에 등장하는 수봉과 그의 가족들은 모두 최하천민 신분의 인물들이었다. 이때의 수봉과 김홍발의 아버지는 과연 같은 인물인가?

우선 김홍발의 아버지 수봉(守奉)과 노비 수봉은 한자 이름이 같고 본관도 김해로 같다. 하지만 이것만으로 두 사람을 동일 인물로 보기는 어렵다. 평민인 수봉의 아버지는 어련이고 조부는 이동이었지만, 노비인 수봉의 아버지는 갓복이고 조부는 이름이 명확하지 않다. 그러나 조상의 직역이 새롭게 만들어질 수 있다면 이름도 후손에 의해 새로이 지어지거나 바뀔 수 있으므로 다른 인물이라고 하기도 어렵다.

또 다른 단서는 김홍발의 외조부에게서 찾을 수 있다. 김홍발의 외조부는 아버지 수봉의 장인으로서, 1717년 호적에서 그의 이름은 이금금(李今金)이었다. 반면에 1678년 호적에서 수봉의 부인인 자목의 아버지, 곧 수

私奴守奉 年參拾貳 丁亥 本 金海 主 縣居 沈廷亮
父私奴 䖥卜 二祖 不知 母私婢 淑香 外祖 私奴 丹文 本 安東
妻私婢 者目 年貳拾柒 壬辰 主 星州居 軍官 都時淡
父私奴 金伊 母私婢 愛春 祖 李生 外祖 金卜
子班奴 金鶴 年肆 乙卯

癸丑等主上内戊午目音

第三名榮武河間監年伍拾陸癸亮本晉州父孝生業昌祖孝生雄曾祖持仕郎訓鍊院宗藝外祖正兵李𪥶

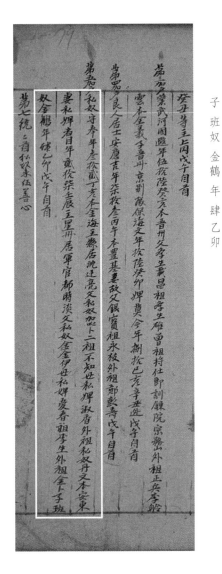

第五名業金義子晉州京別徼保海文年玖拾陸癸卯㽐奠今年削㪯巳亥辛丑進戊午目音

當第六良人居士安慶吉年柒拾壹丙午本豐基妻敀父銀寶祖永放外祖鄭敦壽戊午目音

第六 私奴守奉年柒拾貳丁亥本金海主縣居沈廷亮父私奴䖥卜二祖不知母私婢淑香外祖私奴丹文本安東

妻私婢者目年貳拾柒壬辰主星州居軍官都時淡父私奴金伊母私婢愛春祖李生外祖金卜子班

奴金鶴年肆乙卯戊午目音

第七統二首松林伍善心

봉에게 장인이 되는 이의 이름은 금금이(金金伊)였다. 자목의 조부이자 금금이의 아버지는 이생(李生)으로 기재되었는데, 이는 이씨 성을 가진 사람으로 해석할 수 있다. 그렇다면 금금이는 이금금이가 되므로 1717년의 이금금과 동일 인물로 간주할 수 있다.

이금금의 이름자에 있는 금(今)과 금금이의 금(金)이 한자가 다른 점을 문제 삼을 수도 있다. 하지만 새로운 호적을 만들 때 하천민의 이름에서 발음은 같지만 다른 한자를 쓰는 일은 흔했다. 그것은 호적을 작성할 때 한 사람이 내용을 부르면 다른 사람이 듣고 적는 방식으로 작업이 이루어졌기 때문이다. 더구나 노비 이름은 다른 신분보다 상대적으로 주의를 덜 기울이기 마련이었다.

또 하나의 단서는 수봉의 아들에게서 찾을 수 있다. 1678년 노비 수봉에게는 금학(金鶴)이라는 어린 아들이 1명 있지만, 1717년 호적에서 김수봉의 아들은 홍발과 갓동이(㖙同伊) 그리고 학(鶴) 등 모두 3명이었다. 여기에서 학이란 인물을 유심히 살펴보자. 그는 성을 붙이면 전체 이름이 김학이 된다. 이때의 김학은 노비 수봉의 아들 금학과 동일 인물로 보인다. 수봉과 금학이 김이라는 성씨를 사용하게 되었을 때 금학은 김금학이 되는데, 두 번 반복되는 쇠금 자 가운데 한 자를 떼어버리고 학을 이름으로 사용했다고 생각되기 때문이다.

1678년 금학의 나이가 4세였으므로 1717년에는 43세가 되어야 하는데, 실제 호적에서는 49세로 되어 있다. 하지만 이 때문에 두 사람이 서로 다른 인물이라고 간주하기는 어렵다. 평민들의 경우 호적이 새로 만들어질 때 나이나 이름을 바꾸는 경우가 많았다. 대개 나이를 줄이기보다는 늘이는 경우가 흔했는데, 아마도 나이를 늘려 일생 동안 군역을 지는 전체 기간을 단축해보려는 의도가 숨어 있었던 것으로 짐작된다. 이름을 변경하는 이유는 자신의 과거를 감추거나 질병 치료나 기복 등 다양한 목적이 있었는데, 이런 경향은 양반들도 마찬가지였다.

결국 평민 김홍발의 아버지 수봉은 원래 노비 출신이었던 것이다. 그가 노비에서 해방되어 납속통정대부라는 직역을 얻었고 아들과 손자까지 모두 평민으로 살아갔지만, 원래의 가계는 노비에서 이어졌던 것이다. 김홍발 형제가 노비에서 해방되어 평민으로 상승한 아버지의 직역을 제외하고는, 나머지 조상의 직역을 기록하지 않거나 직역을 모두 사노에서 정병으로 바꾼 것은 그 때문이었다.

수봉의 가족

수봉의 선조가 언제부터 노비였는지는 알 수 없다. 어쩌면 수봉 자신도 정확하게 알지 못했을 것이다. 그의 아버지는 사노 갓복이고 어머니는 사비 숙향이었으므로 부모가 모두 사노비였다. 조부와 증조부는 호적에 '부지(不知)'로 기재되어 있다. 직역이나 이름을 모른다는 의미인데, 모두 사노비였을 것으로 생각된다. 노비 가계에는 이렇게 '부지'로 기재되어 있는 이들이 무수하게 등장한다.

노비가 평민으로 해방되었어도 자신의 가계를 정확하게 기억하지 못할 때는 '부지'나 그 비슷한 용어로 호적에 기재되었다. 때로는 호적을 만

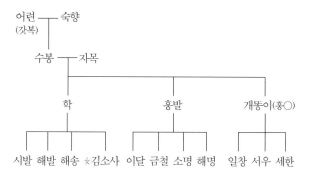

김수봉 가계도

들었던 이들이 다소 장난스럽게 이름이 들어갈 자리에 이런 용어를 채워 넣기도 했다. 1759년 김재중이란 인물의 부인인 고조이는 자신의 아버지 이름만 기억하고 있었다. 나머지 조상 가운데 조부는 '안지(安知)', 증조부는 '하지(何知)', 외조부는 '전부지(全不知)'였다. '안지'나 '하지'는 어찌 알겠느냐는 의미다. 모른다는 표현을 '안지'나 '하지'로 바꾸어 쓴 것이다. 외조부는 전주 전씨였으나 역시 이름을 모르기 때문에 '전부지'라고 했다.

수봉의 외조부 역시 사노였으므로 그의 부계나 모계는 오래전부터 노비 신분이었다고 할 수 있다. 조상이 원래 양반이었으나 역모에 연루되어 가족의 신분이 모두 노비로 강등된 뒤 다른 관료에게 보상으로 주어져 대대로 노비가 되었을 수도 있다. 아니면 조상 가운데 한 사람은 평민이었으나 노비와 결혼함으로써 후손들이 노비가 되었을지도 모른다. 때로는 조선시대 이전부터 오랜 세월을 노비로 살아온 가계일 수도 있을 것이다.

어떤 연유로 그의 조상이 노비가 되었든 간에, 수봉은 그 자신의 잘못이나 선택 없이 사노비인 부모 밑에서 태어났기 때문에 노비가 된 것이다. 조선 후기의 실학자들이 신분 문제를 비판할 때 언급했던 내용 가운데 하나가, 노비 신분이 후손들에게 세습된다는 점이었다. 하지만 신분의 세습 없이 자신들의 특권을 유지할 수 없었던 양반들은 새로운 노비들을 지속적으로 만들어내고 소유할 수 있는 손쉬운 방법인 노비 신분 세습제를 폐지하려 하지 않았다.

수봉은 자신과 신분이 같은 사비 자목과 결혼했다. 그녀의 아버지와 어머니도 사노비였다. 나머지 조상들의 신분은 명확하지 않지만 부모가 사노비였던 이상, 일천즉천의 원칙에 따라 부부 가운데 최소한 한 사람은 사노비였을 것이다. 수봉은 조선 전기에 크게 유행했던, 양인과 천인이 결혼하는 양천교혼(良賤交婚)의 방식으로 결혼을 하지는 않았다. 수봉이 노비였으므로 평민 여성과 결혼하면 수봉의 주인은 큰 이익을 볼 수 있었다.

수봉의 주인 입장에서 보면, 자신의 사내종인 노(奴)와 계집종인 비(婢)가 같이 결혼해서 낳은 자녀는 모두 그의 소유가 되므로 크게 이익도 손해도 아니다. 반면 그의 노가 평민 여성과 결혼하거나 비가 평민 남성과 결혼해 낳은 자식도 모두 그의 소유가 되는데 이때는 큰 이익을 볼 수 있다. 수봉과 자목이 모두 같은 주인의 노비이고 그들이 결혼해 3명의 자녀를 둔다면, 수봉 주인의 노비는 수봉과 자목을 포함해 모두 5명이 될 것이다. 반면 수봉이 평민 여성과, 자목이 평민 남성과 결혼해 각각 3명의 자녀를 둔다면, 수봉 주인의 노비 수는 8명으로 늘어난다. 일반적으로 부모 한쪽이 노비이면 자녀도 노비가 되고, 소유권은 종모법(從母法)에 따라 어머니의 주인에게 있었다. 만일 어머니가 평민이라면 그 자녀의 소유권은 아버지의 주인에게 돌아가도록 되어 있었던 것이다.

그런데 수봉의 주인은 같은 지역에 거주했던 심정량이었던 데 반해, 부인 자목의 주인은 성주에 살았던 군관 도시담이었다. 부부의 주인이 각기 달랐던 것이다. 자목의 주인은 비교적 멀리 떨어져 있었으므로, 그녀는 확연한 외거노비였다. 이렇게 주인이 다를 경우 두 사람은 각각 자신의 주인에게 노역이나 현물을 바쳐야 했다. 문제는 그들 부부 사이에서 태어난 자녀가 누구의 소유였는가 하는 점이다.

노비 자녀의 소유권은 어머니의 주인에게 있었으므로 1678년 호적에 나타나는 수봉의 어린 아들 금학은 성주 군관 도시담의 소유가 될 수밖에 없다. 이 경우 수봉에게는 상당히 곤란한 문제가 발생한다. 그의 주인 심정량의 입장에서 보면, 수봉이 평민 여성과 결혼해 자녀를 두었다면 자신의 또 다른 비와 결혼했을 때보다는 이익을 보았을 것이다. 하지만 수봉은 이도 저도 아닌 남의 집 비와 결혼을 했다. 그에 따라 그의 아들 금학은 남의 노비가 되어 소유권이 다른 사람에게 넘어가는 큰 손해를 끼친 것이다.

조선의 양반들이 소유 노비들의 결혼 유형 중에서 가장 꺼렸던 방식을 수봉이 택했던 것이다. 이제 그는 어떻게 해야 할까? 별다른 도리가 없다. 주인에게 처벌을 받거나 자신이 끼친 손해만큼 경제적으로 보상을 해야 한다. 결혼 전보다 노역이나 신공을 더 바칠 수도 있지만, 재산에 다소 여유가 있다면 그것을 떼어내 주인에게 주어야 한다. 이를 기상(記上)이라고 했다. 수봉이 이후 국가에 곡식을 바치고 통정대부의 품계를 얻은 것을 보면, 다른 집 비와의 결혼으로 인해 주인에게 입힌 피해에 대해서 자신의 재산으로 보상했을 가능성이 있다.

2. 수봉의 주인, 심정량

양반과 노비

1678년 노비 수봉의 호적에는 그의 주인이 명기되어 있다. 노비의 소
유자를 명확하게 하기 위해서다. 수봉의 주인은 같은 단성현에 거주하는
심정량이라는 사람이었다. 1678년 호적에서 심정량을 찾아보니 수봉과 같
은 마을에 살고 있었다. 같은 마을이라고는 하나 수봉이 주인 심정량의 집
에서 기거한 것은 아니었고 별도의 호를 구성해 가족과 함께 거주하고 있
었다.

심정량이 어떤 신분인지 확인하기 위해서 호적에서 그와 조상에 대한
기록을 살펴보았다.

> 제11통 제5호 수의부위충의위 심정량 나이 66세 계축생 본관 청송
> 아버지 수의부위충의위 진
> 조부 증통정대부승정원좌승지겸경연참찬관행봉렬대부예산현감 인제
> 증조부 증중훈대부사헌부집의겸춘추관편수관세자시강원보덕행봉렬대
> 부풍덕군수 순
> 외조부 통훈대부사간원헌납겸춘추관편수관 한백후 본관 청주

第十一統 第五戶 修義副尉忠義衛 沈廷亮 年 陸拾陸 癸丑 本 青松 ●

父 修義副尉忠義衛 縝

祖 贈通政大夫承政院左承旨兼經筵參贊官 行奉列大夫禮山縣監 仁禔

曾祖 贈中訓大夫司憲府執義兼春秋館編修官世子侍講院輔德行奉列大夫豊

德郡守 荀

外祖 通訓大夫司諫院獻納兼春秋館編修官 韓伯厚 本 清州

1678년 당시 심정량의 직역은 수의부위충의위(修義副尉忠義衛)였다. 수의부위는 종8품에 해당하는 무신의 품계이고, 충의위는 원래 양반이 맡았던 특수 병종의 하나로 공신의 후손에게 주로 부여되었다. 이는 공신의 후손을 우대하기 위해 만든 직역으로, 심정량이 과거 합격을 통해 관료를 역임했다는 의미는 아니다. 그의 아버지 심진 역시 수의부위충의위로 관직자는 아니었다. 이하, 33쪽의 〈조선시대 품계표〉 참조.

실제 관료를 역임했던 인물은 그의 조부와 증조부, 외조부였다. 조부 심인제는 매우 긴 직역을 가지고 있는데, 앞부분은 죽은 뒤 추증된 품계와 관직명이고, 뒷부분은 생전에 실제 지녔던 품계와 관직명이다. 사후 추증된 그의 품계는 정3품 통정대부였다. 수봉과 똑같은 통정대부이지만, 두 사람이 가진 품계의 무게 차이는 가늠하기 어려울 만큼 컸다. 하나는 죽은 관료에게 명예를 덧보태 준 것이지만, 다른 하나는 국가재정을 확보하기 위해 하천민들을 활용한 것에 지나지 않았다.

심인제가 사후 내려 받은 관직은 승정원 좌승지 겸 경연 참찬관이었는데, 생전에 역임했던 실직은 예산 현감이었다. 봉렬대부는 정4품에 해당하는 품계이고, 지방관의 하나인 현감은 종6품에 해당하는 관직이었다. 심인제는 정4품 봉렬대부였으나 종6품 관직인 예산 현감을 지낸 연유로 관직명 앞에 행(行) 자를 붙였다. 원래 조선 왕조는 관료들의 품계와 관직을 일치시키려 했으나 그것이 순조롭지 않은 경우도 많았다. 이때 품계가 높은 사람이 그보다 낮은 관직에 임명될 때에는 관직명 앞에 행 자를, 반대의 경우에는 수(守) 자를 붙여 품계와 관직이 일치하지 않는다는 것을 드러냈는데 이를 행수법(行守法)이라고 한다. 29쪽의 호적 원문에 표시된 방점을 참조.

심정량의 증조부 심순 역시 정4품 봉렬대부였는데, 그보다 아래의 종4품직인 풍덕 군수를 지냈으므로 앞에 행 자를 붙였다. 사후에 그는 종3품 중훈대부로 사헌부 집의 겸 춘추관 편수관, 세자시강원 보덕에 추증되었다. 외조부 한백후는 정3품 통훈대부로 사간원 헌납 겸 춘추관 편수관을 역임했다. 이러한 직역 명칭으로 보아, 심정량은 조부와 증조부가 지방 수령을 지낸 분명한 양반가의 후손이었다.

더구나 청송 심씨 족보를 살펴보니, 증조부 심순의 부인은 신숙주의 손자이자 찬성을 지낸 고위 관료 신광한의 딸이었다. 심순이 죽은 뒤 품계와 관직이 올라간 것은, 아들 심인제가 임진왜란 당시 국왕 선조를 모시고 의주로 피난한 공로를 인정받아 호성원종공신에 들었기 때문이다. 심정량은 결국 관료이자 공신 가문의 후손이었으며, 그의 선조는 고위 관료와도 혼맥이 닿아 있었던 것이다.

심정량은 비록 관료로 진출하지 못하고 조상의 후광으로 충의위에 머물렀지만, 그가 지방에서 양반으로서의 지위를 누리는 데는 아무런 어려움이 없었다. 그의 부인 역시 양반가의 여성이었으니, 자녀들은 가세가 크게 기울지만 않는다면 지배층의 일원으로 살아가게 될 것이다. 심정량이 누렸던 특권의 상당 부분은 결국 그의 조상으로부터 물려받은 것이기도 했다.

심정량과 수봉은 같은 시기에 같은 마을에서 살고 있었지만 그들이 가진 조건은 천양지차였다. 한 사람은 양반이자 여러 노비들의 주인이었고, 한 사람은 그의 소유 노비 가운데 하나에 지나지 않았다. 하지만 넘을 수 없는 이러한 신분의 장벽은 그들의 선택에 의해 만들어진 것은 아니었다.

두 사람의 선택과는 상관없이 그들의 운명은 태어날 때 이미 상당 부분 결정되어 있었다. 눈을 뜬 순간 한 사람 곁에는 대대로 양반의 핏줄을 이어받은 부모가, 또 다른 사람 곁에는 노비인 부모가 지켜보고 있었을 뿐이다.

심정량은 이후 부모의 경제력과 후원을 바탕으로 학문에 힘쓰고 과거 급제를 통해 관료로의 진출을 꿈꾸는 일반 양반들의 삶을 뒤따라갈 가능성이 컸다. 반면 수봉은 신분제라는 억압을 뚫고 삶의 조건을 향상시키기 위한 노력을 처절하게 기울이든지, 아니면 노비라는 주어진 조건에 만족하면서 살지를 결정해야 했다. 물론 수봉이 노비에서 해방되어 평민이 되고 그 후손들이 그 이상의 노력을 기울인다면, 외형적으로 양반과 비슷한 삶의 조건을 갖출 수도 있을 것이다. 하지만 심정량이 태어나면서 얻은 조건에 조금이라도 근접하기 위해서 수봉과 그의 후손들이 치러야 할 대가는 그렇게 간단하지 않았다.

심정량의 부인, 유씨

조선시대의 결혼은 같은 신분 간에 이루어지는 것이 일반적이었다. 수봉이 같은 노비 신분의 여성과 결혼했듯이, 심정량은 양반가의 여성과 결혼했다. 1678년 호적에 등장하는 심정량의 부인은 유씨였다.

부인 유씨 나이 32세 정해생 본관 진주

아버지 학생 진장

조선시대 품계표

품계		문반	무반
정1품	상	대광보국숭록대부	
	하	보국숭록대부	
종1품	상	숭록대부	
	하	수정대부	
정2품	상	정헌대부	
	하	자헌대부	
종2품	상	가정대부	
	하	가선대부	
정3품	상	통정대부	절충장군
	하	통훈대부	어모장군
종3품	상	중직대부	건공장군
	하	중훈대부	보공장군
정4품	상	봉정대부	진위장군
	하	봉렬대부	소위장군
종4품	상	조산대부	정략장군
	하	조봉대부	선략장군
정5품	상	통덕랑	과의교위
	하	통선랑	충의교위
종5품	상	봉직랑	현신교위
	하	봉훈랑	창신교위
정6품	상	승의랑	돈용교위
	하	승훈랑	진용교위
종6품	상	선교랑	여절교위
	하	선무랑	병절교위
정7품		무공랑	적순부위
종7품		계공랑	분순부위
정8품		통사랑	승의부위
종8품		승사랑	수의부위
정9품		종사랑	효력부위
종9품		장사랑	전력부위

조부 통정대부 선

증조부 증통정대부형조참의행충무위부사직 대춘

외조부 충의위 남사온 본관 의령

妻 柳氏 年 參拾貳 丁亥 籍 晉州

父 學生 震長

祖 通政大夫 瑄

曾祖 贈通政大夫刑曹參議行忠武衛副司直 大春

外祖 忠義衛 南士溫 本 宜寧

부인 유씨의 가계를 보니 틀림없는 양반가의 여성이다. 아버지 진장은
학생(學生)인데, 오늘날 같은 의미의 학생은 아니다. 양반 남성이 과거에
급제해 관료로 나가지 못했을 때 직역은 대개 유학이었고, 그가 죽으면 호
적에서 학생으로 바꾸어 기록했다. 제사를 지낼 때 죽은 조상의 신주에 적
힌 '학생부군신위(學生府君神位)'의 학생도 여기에서 나온 것이다. 호적이
나 신주에서의 학생이란 결국 관료로 나가지는 못했지만 양반으로 살다가
죽은 사람이라는 의미가 들어 있다.

조부 역시 품계만 있고 실직이 없어 관직자는 아니었고, 외조부도 공
신의 후손에게 부여되는 충의위라는 직역만 가지고 있었다. 이들과 달리
증조부만 유일하게 군사 기구인 충무위의 종5품 관직인 부사직을 역임했
다. 관직명 앞에 행 자를 쓴 것으로 보아 자신의 품계보다 낮은 관직에 임
명되었음을 알 수 있다. 그는 죽어서 정3품 통정대부이자 형조의 참의로
추증되었다.

그런데 여기에서 한 가지 의문이 든다. 부인 유씨의 가계가 양반 신분이기는 하지만, 문관 관료와 임진왜란의 공신을 선조로 둔 심정량의 가계보다는 격이 떨어지는 것이다. 유씨의 증조부가 실직을 가지고 있었지만, 문관보다 지위가 낮았던 무관이었고 그것도 고위직은 아니었다. 심정량이 자신의 가계보다 다소 격이 떨어지는 양반가의 여성을 부인으로 맞아들였다는 사실은 유씨의 나이와 관련해 의문을 더욱 증폭시킨다.

1678년 당시 유씨의 나이는 32세로 남편 심정량과 무려 서른네 살이나 차이가 난다. 이것은 일반적인 경우가 아니었다. 같은 단성현의 대표적인 양반가인 안동 권씨 집안의 부부 2백여 쌍을 호적에서 찾아내 살펴보니, 초혼인 경우 연령 차이가 평균 3.4살에 불과했다.

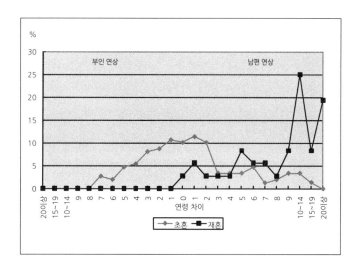

안동 권씨 가계의 부부간 연령 차이

부인이 남편보다 연상인 부부는 전체의 42%, 남편이 연상인 부부는 48%, 동갑은 10% 정도였다. 양반가의 결혼에서 남성이 나이가 많을 수도 있고, 여성이 많거나 때로 동갑일 수도 있지만, 그 연령 차이는 대개 네 살 이내였던 것이다.

하지만 재혼이라면 상황이 달라진다. 조선 왕조는 재혼한 여성의 아들이 관직에 진출하는 것을 제도적으로 제한하는 등의 정책을 통해 초기부터 양반 여성의 재혼을 규제했다. 그 결과 후기에는 남편과 사별한 양반 여성이 다른 남성과 재혼을 한다는 것은 상상하기 어려운 일이 되었다. 반면 남성의 재혼은 계속 인정되었다. 쉬운 일은 아니었지만 더러 이혼을 하거나, 또는 부인이 먼저 세상을 떠났을 때 남성은 재혼이 가능했던 것이다.

당시에는 양반가의 젊은 부인이 질병이나 출산 또는 그 뒤의 후유증으로 사망하는 일이 종종 있었다. 부부간 연령 차이가 크지 않았으므로, 부인이 젊을 때 먼저 세상을 떠났다면 남편도 20대나 30대일 가능성이 높다. 이때는 또 다른 양반가의 여성과 재혼을 하는 것이 비교적 쉽다. 그런데 한번 상상을 해보자. 40대이거나 50, 60대인 양반 남성이 부인과 사별했을 때 그는 재혼이 가능했을까?

50대인 양반 남성의 부인이 어느 날 질병으로 죽었다고 하자. 부인의 상장례가 모두 끝나고 시간이 흘러 슬픔이 어느 정도 가신 뒤에 이 남성은 재혼을 선택할 수 있다. 그런데 같은 신분 간에 결혼이 이루어졌으므로 그는 주변의 양반가 여성을 탐문할 것이다. 문제는 양반가의 여성은 재혼이 불가능했으므로 초혼인 여성, 즉 처녀를 찾을 수밖에 없다. 처녀 가운데 자신과 비슷한 나이인 40대나 50대까지 결혼하지 않고 독신을 고집했던 여성을 조선 사회에서 찾기는 어렵다.

결국 이 남성은 자신의 나이가 많음에도 불구하고 젊은 양반가의 여성을 재혼 대상자로 맞아들일 수밖에 없다. 안동 권씨 집안에서 재혼의 경우 소수의 동갑내기를 제외하고는 절대다수가 남편이 연상이었고 평균연령 차이도 열두 살이 넘었던 것은 이 때문이었다. 때로는 남성이 스무 살 이상 더 많은 경우도 있었다.

그렇다면 서른네 살이나 차이가 났던 심정량의 부인 유씨는 첫 부인이 아닌 재혼한 부인일 수 있다. 1678년 이전의 호적이 거의 없으므로, 유씨 이전에 심정량에게 부인이 있었는지를 확인할 수 있는 방법은 족보를 참고하는 것이다. 과연 청송 심씨의 족보를 살펴보니 심정량의 첫 부인은 파산을 본관으로 하는 이씨라는 여성이었다. 이씨 옆에는 또 다른 부인으로 진주 유씨가 나타나는데, 이가 바로 호적에 나오는 유씨와 동일 인물이다. 호적에 등장하는 유씨는 재혼한 부인임이 입증된 것이다.

그런데 왜 유씨가는 딸을 서른네 살이나 차이가 나는 심정량에게 둘째 부인으로 시집보냈을까? 그 이유는 앞서 제기한 의문에서 답을 찾을 수 있다. 같은 양반이어도 심정량보다 부인 유씨가의 격이 조금 떨어졌던 것이다. 더구나 호적을 보면 심정량은 최소 60명이 넘는 노비가 있었다. 비교적 부유하게 살았던 양반이었던 것이다. 유씨가에서 비슷한 나이의 양반 남성을 포기하고 딸을 심정량과 결혼시킨 것은 이러한 이유가 있어서였다.

호적에서는 그와 비슷한 또 다른 사례를 찾아낼 수 있다. 같은 단성현의 1750년 호적에 등장하는 권옥형은, 54세 무렵에 한 살 어린 첫 부인 성주 이씨와 사별했다. 이후 그는 스물여덟 살이나 어린 26세의 상산 김씨와 재혼했다. 이때 권옥형에게는 21세의 아들까지 있었다. 상산 김씨가에서 비슷한 연령대의 초혼 자리를 포기하고 54세의 남성에게 딸을 후처로 보냈던 이유도 심정량의 경우와 비슷했다. 권옥형의 증조부는 좌승지를 역임한 권도였고, 고조부는 임진왜란 때 의병장이었던 권세춘으로 높은 명망을 가진 집안이었음에 비해, 재혼 대상자의 사조(四祖)는 모두 학생으로 관직자가 없었다.

양반가에서는 비슷한 연령대의 인물을 배우자로 맞아들이는 것이 일반적이었으나, 재혼의 경우 남성의 나이가 많았음에도 불구하고 가문의 격이나 경제력이 높을 때는 부부간의 연령 차이가 커질 수 있었다. 하지만 나이가 많아 부인과 사별한 양반 남성이 그러한 조건을 갖추지 못해서 재혼 대상자를 찾지 못했을 때는 달리 방법이 없다. 여생을 자식들의 봉양을 받으며 혼자 살아가야 하는 것이다. 물론 때로는 재혼을 포기하고 첩이라는 또 다른 부부 관계를 선택하는 이들도 있었다.

심정량의 첫 부인, 이씨

호적이 남아 있지 않은 이상 심정량의 첫 부인에 대한 기록은 족보에 의존할 수밖에 없다. 그녀에 관한 족보의 기록은 소략해서 본관은 파산, 아버지는 군수를 지낸 이응성으로만 나와 있다. 파산은 경상도 함안의 옛 이름으로, 오늘날에는 대개 파산 이씨가 아니라 함안 이씨로 부른다. 부인 이씨의 아버지가 군수를 지냈다면 그는 임진왜란 당시 의병장으로 활동했던

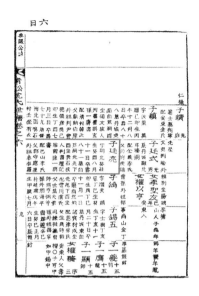

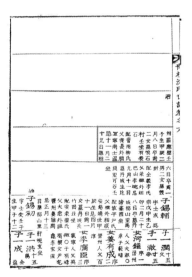

청송 심씨 족보 심정량 부분

이응성임이 틀림없다.

이응성은 광해군 때 고원 군수를 지냈으며, 죽어서는 병조참판에 추증되었다. 그는 훗날 경상도 고성의 위계서원에 배향된 인물이기도 하다. 임진왜란으로 피폐해진 조선 사회에서 양반들은 일반 민들의 협조를 얻어무너진 지역 공동체를 복구하고 자신들의 권력을 회복해 나갔다. 지방 권력을 잡은 양반들 가운데 많은 이들은 임진왜란 당시 의병장 출신이었다. 국가가 외부의 적에게 침입을 받았을 때 그들과 맞서 싸운 공적만큼 높은도덕적 정당성을 얻을 수 있는 일이란 흔하지 않다. 임진왜란 이후 의병장을 배출한 가문의 위상이 지방 사회에서 높았던 것은 그러한 점에서 이해가 간다.

따라서 심정량은 비교적 명망 있는 가문의 여성을 첫 배우자로 맞아들인 셈이다. 첫 부인 이씨는 임자년에 태어나서 갑진년에 사망했다. 임자년은 1612년이니, 1613년 계축년에 출생한 심정량보다 그녀가 한 살이 많았다. 한 살 차이인 이들은 앞서 살펴본 양반가의 일반적인 초혼 연령 차이의범위 내에 들어 있었다. 부인이 한 살 많기는 했지만 그것이 특별하게 이상한 일은 아니었다. 구전으로 흔히 들었던 '꼬마 신랑' 이야기가 오히려 매우 특별한 경우였던 것이다.

호적 통계에 따르면 18세기 단성 지역의 남성들은 평균 18세 정도에 결혼을 했다. 그 시기보다 조금 앞선 때이기는 하지만, 심정량이 18세 전후로결혼을 했다면 대략 1630년대 초반에 부인 이씨를 맞아들였을 것이다. 이씨는 갑진년인 1664년, 곧 53세가 되던 해에 사망했다. 따라서 심정량은 첫부인과 30여 년간 결혼 생활을 유지한 셈이 된다. 그가 81세까지 살아 장수했던 것에 비하면 이씨는 비교적 일찍 죽은 것이다.

　이씨와 사별할 당시 52세였던 심정량이 언제 재혼을 했는지는 정확하게 알 수 없다. 1678년 호적에는 유씨와 이미 재혼한 상태였으니, 첫 부인이 죽은 1664 ~ 1678년 사이에 재혼을 했음이 분명하다. 당시 유씨가 32세였으므로 20대 초인 10여 년 전에 결혼했다면, 그 시기는 1660년대 후반, 즉 심정량의 나이가 53세에서 57세 사이였을 것으로 추정해볼 수 있다.

　족보를 보면 첫 부인 이씨와의 사이에서는 아들 없이 딸만 둘을 두었다. 당시에는 가문을 이을 아들의 중요성이 서서히 높아지고 있었던 때였고, 나이 든 양반 남성의 재혼이 불가능했던 것이 아니었으므로, 그도 50대에 바로 재혼했을 것으로 생각된다. 여기에는 앞서 말한 그의 가문이나 경제적 배경이 크게 작용했다. 후처인 유씨는 그와 나이 차이가 많았지만, 양반가 출신의 여성으로서 집안 내에서 차지하는 위치나 권한은 전처 이씨와 별다른 차이가 없었다.

또 다른 여성들

　심정량에게는 2명의 부인이 있었다. 한 사람은 그의 부모가 선택했을 것이고, 또 한 사람은 그가 선택했다. 조선시대 양반가에서 본인이 배우자를 선택한다는 것은, 이처럼 부모가 돌아가시고 없는 나이 든 양반 남성에게나 있었을 법한 일이다. 본인이 선택했다고 하더라도 그 과정은 중매를 거친 것이었다. 자유연애라는 방식은 상상하기가 어렵다.

물론 〈춘향전〉에서는 이도령이 춘향과 자유연애를 통해 사랑에 빠지고 그녀와 정식으로 부부 관계를 맺는다. 하지만 이는 현실에서는 불가능한 일이었다. 판본마다 차이가 있지만 춘향은 관기였고, 관기는 관청에 소속된 관비의 하나였다. 남원 부사의 아들이 관비와 결혼을 한다는 것은 소설 속의 로망일 뿐 현실이 될 수는 없었다. 현실에서는 노비인 여성이 양반 남성의 부인이 될 수는 있지만 그것은 첩이라는 형식을 통해서이다.

조선은 일부일처제 사회였으므로 2명의 처와 동시에 부부 관계를 형성하기는 어렵다. 심정량도 전처 이씨가 죽은 뒤에야 후처인 유씨를 새로운 배우자로 맞아들일 수 있었다. 처가 있는 남성이 다른 여자와 관계를 가졌다면 그는 처벌을 받을 것이다. 하지만 상대 여성이 같은 양반이 아니라 그보다 낮은 신분이라면 문제가 되지 않는다. 그때 그녀는 처가 아니라 첩이 되는 것이다.

따라서 현실에서라면 춘향과 같은 하천민 출신은 양반 이도령의 첩이 될 수밖에 없다. 하지만 춘향이 관비였다면 이도령은 그녀를 첩으로 받아들일 수도 없다. 수령이 자신의 부임지를 떠날 때 관아에 소속되었던 관비를 사적인 정분에 따라 데려가는 행위는 처벌 대상이 되었다. 관비는 관아에 예속된 존재로 수령 개인의 소유가 아니기 때문이다. 하물며 수령의 자제인 이도령이 아버지가 다스렸던 고을의 관비를 마음대로 데려갈 수는 없는 일이다.

가문과 가문 사이의 결합이자, 중매와 부모의 선택에 따라 이루어진 양반가의 결혼에서 부부가 처음 얼굴을 마주 대하는 일은 대개 결혼식을 올리는 당일이었다. 서로의 얼굴을 처음으로 확인하는 순간 두 사람의 머릿속에 어떤 생각이 떠올랐을지는 아무도 모를 일이다. 듣거나 상상했던 그대로였던지, 아니면 어떻게 일생을 살아가야 할지를 고민했는지는 도무지 알 수가 없다. 결혼 대상자란 그들의 선택 영역이 아니었기 때문이다.

그런 면에서 적어도 양반 남성에게 주어진 비교적 자유로운 선택 권한이 있었다면 그것은 처가 아닌 첩이었다. 심정량에게도 2명의 첩이 있었다. 1678년의 호적을 보자.

> 첩 윤소사 나이 49세 경오생 본관 무송
>
> 아버지 선무랑상의원별제 후
>
> 조부 가선대부 경한
>
> 증조부 어모장군 호
>
> 외조부 정로위 황여문 본관 장수
>
> 첩 정소사 나이 37세 임오생 본관 서산
>
> 妾 尹召史 年 肆拾玖 庚午 籍 茂松
>
> 父 宣武郎尙衣院別提 煦
>
> 祖 嘉善大夫 景漢
>
> 曾祖 禦侮將軍 灝
>
> 外祖 定虜衛 黃麗文 本 長水
>
> 妾 鄭召史 年 參拾柒 壬午 籍 瑞山

당시 심정량에게는 열일곱 살 아래인 윤소사, 스물아홉 살 아래인 정소사 등 2명의 첩이 있었다. 이들이 모두 소사라는 지칭을 사용하고 있는 것으로 보아 적어도 노비가 아닌 평민 신분의 여성들이었다. 두 여인이 언제 심정량의 첩이 되었는지를 추측하는 데는 그들의 자녀들이 도움이 된다. 심정량과 두 여인 사이에는 모두 2명의 아들과 4명의 딸이 있었다. 그 가운데 누가 윤소사의 소생인지 혹은 누가 정소사의 소생인지를 가려내기는 쉽지 않다.

족보와 호적을 샅샅이 훑어본 결과 1678년 당시 19세와 15세인 딸, 12세인 아들은 윤소사의 소생으로 확인되었다. 정소사의 소생으로 확인되는 이는 7세인 아들 1명이다. 확인이 불가능한 이는 이미 시집간 제일 나이가 많은 딸과 17세인 딸 둘이다. 그 가운데 시집간 딸은 윤소사의 소생으로 추측되는데, 나이는 최소 20세는 넘었다고 보아야 한다. 그렇다면 윤소사는 적어도 20년 전에 심정량의 첩이 되었다고 할 수 있다. 20년 전이라면 심정량의 나이가 40대로 첫 부인 이씨가 생존해 있을 때이다.

심정량은 결국 첫 부인 이씨와 윤소사 두 사람을 배우자로 두고 있었으며, 이씨가 죽은 뒤에는 윤소사와 함께 기거하다가 나중에 다시 유씨를 후처로 맞이한 셈이 된다. 집안에서 정해준 이씨와 윤소사 가운데 심정량이 누구에게 더 애정을 느꼈는지는 짐작이 가지 않는다. 어쩌면 그는 두 딸을 낳고 더 이상 자녀를 출산하지 못했던 이씨 대신 윤소사를 통해 아들을 얻고 싶었는지도 모른다. 이씨가 생존해 있는 이상 그는 또 다른 양반가의 여성을 처로 삼아 아들을 낳을 수 없었다. 윤소사와의 사이에서 낳은 아들은 서자가 되어 온당한 대우를 받지는 못하겠지만 적어도 가계와 제사는 이어 나갈 것이다.

과연 그는 윤소사와의 사이에서 1명의 아들을 얻었고 뒤이어 정소사에게서 또 아들을 얻었다. 비록 서자이기는 해도 그는 기뻤을 것이다. 하지만 그를 더 기쁘게 한 것은 이씨가 죽은 뒤 늘그막에 후처 유씨를 통해 서자가 아닌 적자인 아들을 얻게 되었다는 사실이다. 이렇게 그가 여러 명의 여성과 관계를 맺을 수 있었던 것은 가문의 지위나 경제력이 뒷받침되었기 때문이다.

2명의 첩 가운데 정소사의 가계는 파악이 어려운, 다시 말해 윤소사보다 상대적으로 미미한 집안 출신이었다. 사실 윤소사의 가계는 평민 집안치고는 그렇게 평범해 보이지 않는다. 그녀의 아버지가 국왕이나 왕비의 의복을 담당했던 상의원이라는 6품관 별제를 직역으로 갖고 있었기 때문이다. 별제는 녹봉을 받는 정식 관리가 아니라 일정 기간을 근무하면 다른 관직으로 옮겨갈 수 있는 기회를 제공받는 직책이었다. 그렇지만 그들 가계의 내력을 고려했을 때, 이것은 공명첩으로 얻은 직책일 가능성이 크다.

그녀의 조부는 종2품 가선대부이고, 증조부는 정3품 어모장군인데, 관직명이 따로 없는 것으로 보아 실제 관직자는 아니었다. 아마도 경제적 여유가 있었던 상층 평민이거나 서자 가계로 짐작된다. 외조부의 직역인 정로위는 조선 중기에 고급 군사력을 확보하기 위해 일시적으로 운영된 조직이었다. 원래 현직이 없는 지배층인 한량을 대상으로 만든 것이지만, 점차 서얼이나 평민들도 들어가게 되었다.

윤소사의 외조부는 정로위 직역을 갖기는 했지만 신분은 평민이었다. 윤소사와 같은 도산면 원산 마을에는 그녀의 오빠가 거주했고, 인근 법물야면에는 언니가 시집가서 살고 있었다. 윤소사의 친정이 심정량과 같은 마을인 이상, 두 가계는 서로에 대해 평소에 많은 정보를 갖고 있었다. 그

것이 두 사람이 인연을 맺는 데 많은 역할을 했을 것이다. 그런데 윤소사의 언니는 호적에서 외조부 황여문의 직역을 정로위가 아닌 정병으로 기재했다. 황여문은 원래 평민 군역자였던 것이다.

당시 윤소사의 오빠도 김홍발과 같은 어영청 보인으로 평민 군역자였다. 윤소사의 부계는 평민 이상의 신분으로 추정할 수도 있으나 모계는 완전한 평민 집안이었던 것이다. 그녀는 비슷한 연령의 평민 남성의 처가 아니라 열일곱 살 많은 양반 남성의 첩이라는 길을 걸었다. 경제적으로는 훨씬 안락한 삶을 누렸을 것이고, 그녀의 아들도 서자로서 완전한 양반 신분은 아니지만 중인층의 대우를 받으며 살 수 있었을 것이다. 이러한 희망이 윤소사에게 있었고 심정량도 아들이 필요했다면, 첩이라는 형식을 단지 양반 남성의 애정 문제로만 이야기하기에는 어려운 점이 있다.

처가살이의 흔적

조선시대 양반들은 원래 결혼을 하면 처가에서 살았다. 혼례도 처가에서 올렸을 뿐만 아니라 자녀가 성장할 때까지 처가에 머물거나 아니면 아예 그곳에 정착하기도 했다. 한 가지 예로 율곡 이이가 태어난 강릉은 어머니 사임당 신씨의 고향으로 아버지 이원수의 처가 고을이었다. 양반들은 처가살이를 하다가 과거에 급제해 관직에 나갈 수도 있고, 때로는 새로운 정착지를 찾아서 처가를 떠날 수도 있었다. 처가를 떠날 때는 원래 자신이 태어난 외가로 옮겨가기도 했다.

결혼 이후에 처가로 옮겨가는 아들이 많으면 부계 중심의 가족 관계가 만들어지기 어렵다. 부계가 근간이 되는 중국식 가족제도를 정착시키기 위해 조선은 왕실에서부터 먼저 처가살이의 바탕이 되는 남귀여가혼(男歸女家婚) 대신 시집살이로 곧바로 이어지는 친영례(親迎禮)를 행하려고 했다. 하지만 양반 사회가 남귀여가혼과 처가살이의 오랜 전통을 걷어내는 것은 쉬운 일이 아니었다.

마침내 조선 후기인 17세기 후반이 되어서야 시집살이라는 새로운 전통이 정착되어 나갔다. 그때도 혼례는 처가에서 올렸지만 다시 본가로 되돌아와 신혼 생활을 했다. 그러한 변화의 과정을 심정량의 딸들에게서도 찾아볼 수 있다. 심정량과 정실부인인 이씨와 나중에 후처로 맞이한 유씨 사이에서는 각각 2명의 딸이 있었다. 그 가운데 3명의 딸과 사위는 단성 호적에서 전혀 발견되지 않는다. 사위들의 입장에서 보자면 처가가 아닌 다른 지역에 정착한 것이다.

그런데 정장이란 인물과 결혼한 둘째 딸의 가계는 계속해서 심정량이 살았던 마을에 등장한다. 정장과 둘째 딸 사이에서 태어난 두 아들은 어머니의 고향에 정착했던 것이다. 정장은 그곳 도산면 원산 마을 출신이 아니었으므로 그는 처가살이를 한 것이었으며, 그의 두 아들은 어머니의 고향인 외가에 정착한 것이다. 네 딸 가운데 유일하게 1명에게서만 발견되듯이 처가살이는 서서히 사라지고 있던 풍습이었다.

심정량은 첩인 윤소사와 정소사 사이에서도 4명의 딸을 두었다. 첫 번째 딸은 무과에 급제한 박신장이란 인물과 결혼했다. 그는 1678년까지 처가인 심정량의 호에 머물다가 경상도 하동으로 이주했다. 그도 일시적으로는 처가살이를 한 것이다. 또 이달진이란 인물과 결혼한 막내딸도 아버지 근처에서 살았다. 이달진 역시 처가살이를 한 것이다. 나머지 두 딸 가운데 1명은 단성현의 또 다른 곳인 원당면 묵곡에 거주했고, 또 1명은 단성 호적에서 흔적을 찾을 수 없는 것으로 보아 모두 처가살이에 해당하지 않는다.

결국 심정량이 2명의 처와 2명의 첩 사이에서 낳은 8명의 딸 가운데 2명은 친정 근처에 거주했고, 1명은 잠시 머물다가 남편과 함께 떠났다. 나머지 딸들은 모두 이 시기에 새롭게 만들어지고 있던 시집살이의 전통을 따른 것으로 보인다. 심정량의 아들들은 모두 그들이 태어난 곳에서 성장해 결혼한 뒤에도 이주하지 않았다. 아들들도 모두 처가살이의 전통을 끊었던 것이다.

신분이 다른 자녀들

81세까지 장수했던 심정량은 첫 부인 이씨와 2녀, 후처인 유씨와 2남 2녀를 두었다. 또한 2명의 첩에게서도 2남 4녀를 얻어 모두 12명의 자녀가 있었다. 이 가운데 두 처에게서 얻은 6명은 적자녀(嫡子女), 첩에게서 얻은 나머지 6명은 서자녀(庶子女)가 된다. 어머니의 신분 때문에 구분되는 적자녀와 서자녀 사이의 장벽은 매우 컸다. 수봉이 노비 가계의 자식이 되기를 원해서 태어난 것이 아니듯, 서자녀들 역시 그들이 가계를 선택한 것은 아니었다.

물론 6명의 서자녀는 어머니의 신분이 평민이라서, 노비인 어머니 아래에서 태어난 얼자녀(孽子女)보다는 차별이 적었다. 얼자녀의 경우 노비 신분에서 벗어나 평민이나 그 이상으로 성장하는 경우가 많았지만, 그러한 기회를 얻지 못한다면 노비로 살아가야 한다. 노비로 남은 얼자녀들은 때로는 그들의 이복형제인 적자녀의 상속 대상이 될 수도 있었다.

그런 면에서 심정량의 서자녀들은 어머니가 노비가 아니었으므로 최악의 상황에서는 벗어나 있었다. 그들은 양반과 평민 신분의 중간에 위치했고, 남성의 경우 군역에서도 빠져나갈 수 있었다. 윤소사나 정소사가 평민 남성과 결혼했다면 그녀의 아들들은 평민 군역자가 될 수밖에 없었으니, 양반 서자의 지위는 그나마 평민으로 살아가는 것보다는 나았다.

하지만 그 때문에 그들이 행복해하지는 않았던 것 같다. 사람의 사회적 지위란 상대적인 것이어서 언제나 비교 대상이 있을 수밖에 없다. 서자녀들은 일상생활에서 늘 적자녀들에 비해 차별을 받아야 했다. 아버지를 아버지라 부르지 못하고 형을 형이라 부르지 못했던 홍길동의 처지는 현실에서도 그대로 재현되고 있었다. 그들이 육체적으로나 정신적으로 흠이 있어서가 아니라, 단지 어머니가 양반이 아니라는 이유로 아버지와 정상적인 부부 관계를 형성하지 못했기 때문이다.

조선 왕조는 서얼들을 초기부터 꾸준히 차별했다. 서얼 가운데는 명망을 얻은 이들도 있었지만, 모계 혈통에 하자가 있다는 인식에서 비롯된 차별 관념은 갈수록 확대되었다. 서얼들이 학문에 정진하더라도 과거에 응시하기 어려웠고, 과거 응시가 가능했을 때도 합격해서 고위 관료로 진출하는 것은 불가능했다.

양반들의 이러한 차별은 그들의 특권을 지키기 위한 노력의 일환이기도 했다. 양반들은 전체 인구에서 보자면 소수였지만, 그들이 원하는 관직은 그보다 더 소수였다. 사회적 특권을 가진 양반들 사이에서도 경쟁이 치열할 수밖에 없는 구조였다. 그들은 자신이 가진 특권을 다른 계층과 나누어 갖기를 원하지 않았고, 특권층의 확대로 인한 경쟁의 심화도 원하지 않았다.

하지만 차별에 대한 서얼들의 집단적인 도전과 저항으로 양반 관료들은 서얼들에게 조금씩 양보하는 모양새를 갖추어야 했다. 어떤 사회든 저항 없이 자유가 확대될 수는 없는 법이다. 이와 더불어 영조나 정조처럼 서얼 허통에 관심을 보인 군주의 노력으로, 강고한 신분 제도는 서서히 허물어질 수 있었다. 하지만 지역 내에서 혹은 한 가문 내에서 서얼에 대한 차별이라는 오랜 관념은 쉽게 바뀌지 않았다.

심정량의 서자녀들도 재산상속을 비롯해 일상의 모든 면에서 차별을 감수해야 했다. 그래도 1678년 이후의 호적으로 가장 가까운 시기의 것인 1717년 호적에서 2명의 서자는 외형상으로 적자인 두 동생과 큰 차이는 없었다. 숙종 대 이후 양반들에게만 부여되었던 유학이라는 직역을 서얼들도 사용할 수 있게 되면서, 윤소사와의 사이에서 태어난 아들도 유학이라는 직역을 가질 수 있었다. 그의 부인도 씨라는 지칭을 사용해, 이 시기의 호적만 보면 그는 보통의 양반들과 구분이 가지 않는다. 그의 이복형제이자 적자인 두 동생도 나중에 소과에 모두 합격해서 각각 생원과 진사가 되기는 하지만, 이때까지는 직역이 유학이었다.

한편 정소사와의 사이에서 태어난 또 다른 서자는 1717년 직역이 선무랑군자감주부였다. 선무랑은 종6품 품계이고, 군자감 주부란 군수 물자를 관리하던 관청인 군자감에서 문서 업무를 맡았던 관직을 말한다. 하지만 이것은 실직이 아닌 허직이었다. 그는 과거에 급제해 관리로 나간 것이 아닐 뿐더러, 이후 후손들이 그의 직역을 기재할 때 학생으로 신고했기 때문이다. 이 시기에는 서자가 급제해 관직으로 나가기 어려웠다. 만일 실제 관직을 역임했다면 후손들이 그 사실을 호적에 밝히지 않을 리가 없기 때문이다.

18세기 이후 윤소사와 정소사의 아들들은 직역이나 배우자의 지칭만으로는 양반인 적자들과 구분이 가지 않는다. 하지만 심정량의 집안에서는 그들을 서자로 명백히 구분했다. 족보에서는 적자와 적녀를 먼저 기록하고, 뒤에 서자녀를 올릴 때는 '서자'나 '서녀'라고 분명하게 못을 박아놓았다. 더구나 첩이었던 그들의 어머니는 족보에 올라가지조차 못했다. 집안에서만이 아니라 지역사회에서도 양반들과 뚜렷하게 구분되었고, 국가역시 정책적으로 그들을 차별했다. 그러한 차별은 서자 당대만이 아니라 그들의 자손 대대로 서계라는 꼬리표가 따라다니며 지속되었다. 윤소사와 정소사의 아들들은 수봉보다 훨씬 높은 사회적 지위를 가졌지만, 능력과 상관없이 혈통에 따라 차별을 받는다는 점에서 신분 질서는 그들에게도 장벽이자 극복의 대상이었다.

3. 심정량의 노비들

적지 않은 노비

1678년 심정량의 호적에는 모두 59명의 노비가 등장한다. 호적에 소유한 노비를 모두 올리지는 않으므로 심정량의 노비는 실제로 이보다 더 많았다. 심정량은 자신의 소유 노비 현황을 별도의 노비 문서를 통해 관리하면서 호적의 작성이나 소유권 확인 등에 활용했다. 유사한 사례는 다른 양반가에서도 확인된다. 1666년 경주에 살았던 양반 손익은 그해 호적을 만들 때 자신의 호구단자(戶口單子)주호가 가족과 소유 노비 현황을 적어서 지방 관청에 신고하던 문서를 관청에 제출했다. 그런데 그의 집안에는 호구단자 작성에 이용된 초안이 보관되어 있다. 이 초안에는 곳곳에 지우고 고친 흔적들이 생생하게 보인다.

여기에서 주목되는 사실은 초안과 실제 신고한 호구단자에 기재된 노비의 숫자 차이다. 호구단자에는 현존했던 노비 11명과 도망간 노비 10명 등 모두 21명의 노비가 등장한다. 하지만 초안에는 현존 13명, 도망 26명, 사망 4명 등 모두 43명의 노비가 기재되었다. 호적에 올라갈 내용을 담은 호구단자에 절반 이상의 노비들이 빠져 있었던 것이다. 더구나 호구단자에 있는 현존 노비가 초안에 모두 나타나 있지도 않았다. 이는 초안 이전에 더 많은 노비를 기재한 별도의 노비 문서가 있었음을 의미한다.

따라서 양반 손익은 노비 문서에 있는 노비 가운데 일부를 호구단자를 만들기 위한 초안에 미리 적어 두었다가 그중 일부를 다시 실제 호구단자에 기록해 관청에 제출한 것이다. 실제 호적에서 많은 인구가 빠진 까닭은 이러한 사실들 때문이었다. 양반들은 자신의 모든 노비를 호적에 올리지 않더라도 별도로 존재했던 노비 문서를 통해 소유를 입증하는 데 어려움이 없었다. 그렇다면 심정량의 호적에 들어 있는 59명의 노비도 그가 소유한 노비의 전부가 아닌 것이다. 어쨌든 그는 당시 단성 지역에서 꽤나 많은 노비를 소유했던 인물이었음이 틀림없다.

그런데 그의 호적에 등장하는 노비들은 여러 가지 유형이 있었다.

하나는 도망간 노비들로 모두 13명이었는데, 이들에게는 도망간 연도가 모두 표기되어 있었다. 나중에 붙잡았을 때 대조하기 위해서였다.

다음은 지난 호적을 만든 뒤부터 새 호적을 만들 때까지 3년 안에 죽은 노비들로 모두 7명이었다. 이들에게는 사망한 연도가 표기되어 있었다.

그 다음은 근래 다른 지역으로 이주한 노비들이 2명 있었다. 이주한 곳은 경상도 하동과 고성 땅이었다. 하동은 최근까지 심정량과 같이 지냈던 딸과 사위가 이주한 곳이었고, 고성은 그의 외거노비들이 많이 거주했던 또 다른 연고지였다.

다른 지역에 거주했던 외거노비로는 모두 14명이 있었다. 이들의 거주지는 경상도 고성이 6명, 의성 4명, 안동 1명, 상주 1명이었다. 단성과 같은 경상도에 12명이 있었는데, 고성에 가장 많은 외거노비가 있었던 것으로 보아 이곳에 그의 토지가 존재했던 것으로 생각된다. 나머지 2명은 멀리 개성 근처의 풍덕에 있었다. 이들 외거노비들은 주인의 감시가 어려워 상대적으로 도망이 쉬웠고, 자신의 재산을 가지고 평민과 다름없는 생활을 누릴 수 있었다.

이외에 단성현의 다른 곳에 별도의 호를 구성하고 있었던 노비가 8명 있었다. 이들은 모두 주인 심정량과 같은 마을에 거주했다. 심정량의 집 근처에 초가를 짓고 그의 토지를 경작하거나 집안일을 돕는 노비들이었다. 이들은 심정량의 호적에는 '별호(別戶)'로 기재되어 있고, 그들 자신의 호적에는 주인이 심정량으로 표시되어 있다. 수봉 역시 이 범주에 들어가는 노비였다.

마지막으로 별도의 표시가 없는 노비가 15명인데, 이들은 솔거노비의 성격이 강했다. 이들 가운데 다수는 심정량의 행랑채에 기거하면서 가내 노동에 동원되었다. 전체 59명의 노비 가운데 도망가거나 죽은 노비를 제외하면 39명이다. 하지만 호적에는 심정량의 호적에 보이지는 않지만 주인을 그로 표기한 노비들이 몇 명 더 있었고 호적에서 빠진 노비들도 있었기 때문에 실제 노비 수는 더 늘어나게 된다.

1678년 단성 호적에는 신등면의 과부 진씨가 88명, 법물야면의 유승업이 59명, 원당면의 이기국이 51명 등, 50명 이상의 노비를 소유한 양반들이 몇 사람 있었다. 이들의 실제 소유 노비 수를 정확하게 알기는 어렵지만, 심정량도 노비 숫자만으로는 단성현 내에서 몇 손가락 안에 들어가는 부유한 인물이었다. 노비 외에 상당량의 토지도 경작하고 있었을 텐데, 이러한 배경으로 인해 그는 젊은 후처와 재혼할 수 있었고 2명의 첩도 둘 수 있었던 것이다.

　노비 부부가 낳은 자녀의 소유권은 여자 종인 비(婢)의 주인에게 돌아가므로, 수봉이 심정량의 노비인 이상 그의 어머니 숙향 역시 심정량의 노비였다. 다만 아버지 갓복은 심정량의 노비일 수도 아닐 수도 있다. 부모 가운데 최소한 한쪽이 심정량의 소유인 이상, 그의 노비 중에는 수봉의 친척들이 포함되었다고 보아야 한다. 그런데 수봉과 동일한 부모를 둔 노비를 호적에서는 찾을 수가 없다. 수봉이 갓복과 숙향의 외아들일 수도 있지만, 호적에 있는 노비들의 가계가 전부 기재되어 있는 것은 아니므로 단정하기도 어렵다.

　그런데 별도의 호에 독립해 있던 심정량의 노비 가운데 수봉과 외조부가 같은 3명의 노비가 등장한다. 이들은 각각 사노 실동과 사비 실녀, 화두지로 수봉과 같은 마을에 살고 있었다. 이 세 노비의 부모는 개시와 막비로 수봉과는 달랐다. 부모는 서로 다르지만 외조부가 같다는 것은 수봉과 이들이 이종사촌 형제였음을 의미한다. 그러므로 이들의 어머니 막비와 수봉의 어머니 숙향은 자매간이었다. 1678년 막비는 79세로 생존해 있었다.

　양반가에서 자녀들에게 노비를 똑같이 균분상속하고, 상속자인 자녀들의 거주지가 서로 달랐다면, 노비들은 형제자매라도 흩어질 수밖에 없었다. 그러한 예의 하나로 1480년(성종 11년) 단성현에 거주했던 김광려(金光礪) 남매가 부모 사후에 재산을 나누어 가진 방식을 보자. 나누어 가진 노비 가운데 평민 여성과 결혼한 막동은 모두 4명의 자녀가 있었다.

노비	소유자
노 막동 (36세)	승중
첫째 비, 막덕 (14세)	장남
둘째 노, 옥석 (9세)	장녀
셋째 노, 석석이 (4세)	차남
넷째 출산 전	장녀

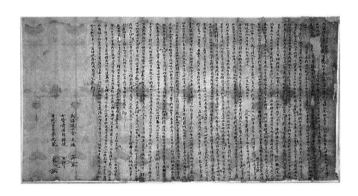

김광려 삼남매 상속 문서

네 노비의 아버지인 막동은 가계를 계승하는 이에게 주는 승중(承重) 명목의 노비였다. 그의 첫째 아이는 김광려 형제 가운데 장남, 둘째는 장녀, 셋째는 차남, 넷째는 장녀가 각각 상속받았다. 특히 넷째는 막동의 부인 배 속에 있어 아직 출산도 하지 않은 상태였다. 김광려 남매는 철저하게 균분상속을 실현하고 상속받은 노비들에 대한 통제와 감시를 쉽게 하기 위해 이처럼 어린아이들이 포함된 노비 가족을 해체시켰던 것이다.

물론 아직 막동의 아이들이 어리고 태어나지 않은 아이도 있어 이들 가족이 바로 흩어지지는 않았을 것이다. 때로는 가족들이 상당 기간 같이 지내면서 각자의 주인에게 신공만 바칠 수도 있었다. 하지만 주인들의 필요에 따라 이들은 얼마든지 이별을 맞을 수 있었다. 노비들이 친족 간에 모여 살기란 쉬운 일이 아니었던 것이다. 그런데 조선 후기 양반가에서는 딸을 상속에서 점차 배제시키고 아들들이 같은 마을에 모여 살게 되면서, 그들의 노비들도 일상에서 친·인척을 볼 수 있는 기회가 늘어났다.

당시 수봉은 같은 마을에 이모와 최소 3명의 이종사촌들과 함께 살았다. 그의 이종 가운데 사비 실녀는 평민 한막선과 결혼했다. 양천교혼이므로 그들의 자녀는 심정량의 소유가 된다. 또 다른 이종인 사비 화두지는 단성현에 거주했던 주우달이란 사람의 사노 선심과 결혼했다. 화두지가 심정량의 노비였으므로 이들의 자녀 역시 그의 소유가 된다. 이 두 경우는 심정량이 노비를 늘리는 데 가장 유용했던 결혼 방식이기도 했다.

반면 수봉의 이종형(姨從兄)이었던 사노 실동은 양반 전시국의 사비와 결혼을 했다. 수봉과 마찬가지로 남의 집 비와 결혼을 한 것이다. 이때는 앞서 말했듯이 자녀들이 그들 어머니의 주인 소유가 되어 심정량에게 큰 손해를 끼치게 된다. 이들은 자신의 재산 일부를 심정량에게 바쳐 손해를 보상해주어야 했다.

시대가 조금 앞서기는 하지만 이문건(李文楗)이 쓴 『묵재일기』(默齋日記)를 보면 자신의 사노 4명이 다른 집의 사비와 결혼해 자식의 소유권을 상실하게 되자, 그 4명을 처벌하고 그 가운데 1명에게는 재산을 바치게 했다는 내용이 나온다.

아침 일찍 뜰에서 가지, 상이, 상실, 석지 등 4명의 노가 남의 집 비를 처로 얻어 자식을 낳고 기른 죄로 벌을 주었다. 노 석지는 5명의 아들을 낳았다고 하여 그의 재산을 바치도록 했다.

노비들은 배우자를 고를 때 주인에게 손해를 끼치지 않을까를 고민해야 했던 것이다. 다행히 수봉과 마찬가지로 실동도 별도의 재산이 있었던 모양이다. 심정량에게 보상을 했음은 물론, 큰아들을 노비에서 해방시켜 주었다. 하지만 그 외에는 1678년까지 노비 신분에 머물러 있었다.

노비들은 같은 신분 간의 결혼이 일반적이었지만 평민과 양천교혼을 하는 경우도 있었다. 비의 경우에는 양반이나 중인의 첩이 되기도 했으므로, 노에 비해서 배우자의 신분 범주가 넓은 편이었다. 어떤 경우든 노비들의 결혼에는 소유권 문제가 개입되어 주인의 간섭이 있기 마련이었다. 다만 재혼은 양반들처럼 까다롭지가 않아서 비교적 자유롭게 이루어졌다.

노비에게 양반가의 여성처럼 수절이 강제적으로 요구되지는 않았을 뿐더러, 주인의 입장에서는 노비가 재혼을 통해 자녀를 계속 출산하는 것이 이익이기도 했다. 심정량의 비 가운데 생이는 노 상립과의 사이에서 호적상 2명의 아들이 있었고, 노 갑생과의 사이에서도 1명의 아들이 있었다. 상립의 신상에 문제가 생겨 결혼 생활이 유지되기 어려워지자, 갑생과 다시 부부 관계를 맺은 것이다.

상속되는 노비들

심정량의 가문이 단성 지역과 인연을 맺은 것은 2백 년 전으로 거슬러 올라간다. 그의 8대조인 청송부원군 심회의 아들로 병조참의를 지낸 심린이, 도산면 원산의 청주 이씨 이길의 딸과 결혼하면서 인연이 시작된 것이다. 심린의 처가 마을이 바로 1678년 심정량이 살았던 곳이었다. 당시에는 처가살이의 전통이 있었지만, 심린의 후손들은 모두 서울에서 거주했다.

그러다가 심정량의 증조부의 형이었던 심령이 단성에 유배되면서 후손들이 이 지역과 인연을 다시 맺게 되었는데, 본격적인 정착은 심정량의 아버지 심진 때부터였다. 처음 단성과 인연을 맺은 그의 선조 심린은 당연히 처가인 청주 이씨가로부터 여러 명의 노비와 토지를 상속받았다. 조선 전기에는 재산을 상속할 때 아들과 딸을 차별하지 않고 똑같이 나누어 주는 균분상속이 일반적이었다.

얼마나 균등하게 상속을 받았는가 하면, 노비는 나이와 건강 상태에 따라 토지는 비옥도까지 다 따져서 상속할 정도였다. 그 한 예를 이 지역에 남아 있는 상속 문서를 통해 확인해볼 수 있다. 앞에서 잠깐 언급한 김광려는 단성에서 꽤 명망 있는 양반가 가운데 하나였던 상산 김씨 집안의 인물이었다. 이 집안은 고려 말의 직제학 김후가 처가의 근거지인 단성 법물로 오면서 이 지역에 후손들이 정착하기 시작했다.

당시 양반들의 처가살이가 어렵지 않았던 이유 중 하나는, 결혼과 함께 처가로부터 토지와 노비를 상속받기 때문이었다. 양반 남성은 자신의 부모로부터 형제자매 사이에 똑같이 재산을 상속받지만, 그의 부인 역시 그녀의 부모로부터 균등하게 상속을 받았다. 혹 결혼해서 죽은 딸에게도 제사 명목으로 재산의 일부를 나누어 주기도 했다. 김광려의 형제자매도 그러한 경우에 해당했다. 그는 이남 이녀 가운데 장남이었는데, 막내 누이가 시집가서 자식 없이 일찍 죽자 부모의 유언에 따라 재산 일부를 떼어 주었던 것이다.

아버지 쪽에서 온 비 녹지의 넷째 노 돌석 21세, 어머니 쪽에서 온 노 이철의 양인 처 소생인 노 귀동, 아버지 쪽에서 온 비 내은의 둘째 비 21세 감물은 어머니 유서에 따라 죽은 막내 누이인 배철동의 처 몫으로 나누어 준다. 가술원답 7두락지, 동원 6두락지, 과안원답 6두락지는 죽은 막내 누이의 분묘에 네 명절마다 제물을 넉넉히 차릴 수 있도록 나누어 준다. 비 봉금은 나이가 장성하여 부리는 게 마땅하지마는 죽은 누이의 유모였던 관계로 형제간에 화의하여 몫으로 나누지 않되, 만일 뒤에 자식이 생기면 관례에 따라 나누어 가진다.

조선 전기 상속 문서에서는 노비가 원래 상속받은 이들의 아버지 쪽에서 전래되었는지 어머니 쪽에서 전래되었는지를 밝히고 있다. 어머니가 친정으로부터 받은 노비는 처분권이 어머니에게 있었기 때문이다. 김광려 남매는 어머니의 유언에 따라 죽은 막내 누이에게도 3명의 노비와 19두락지의 토지를 나누어 주었다.

죽은 누이 몫을 제외한 나머지 노비는 모두 74명이었다. 이 가운데 부모로부터 사전에 각자 별도로 물려받은 노비를 제하면, 부모가 돌아가신

	~15세	16~30세	31~45세	46~60세	61세~	불명	합
장남	6	1	2	3	3	·	15
일녀	6	1	1	3	3	1	15
이녀	5	1	2	4	3	·	15
합	17	3	5	10	9	1	45

김광려 남매의 노비 상속

뒤 김광려의 삼남매가 새로 나누어 가진 노비는 모두 45명이었다. 이 노비들을 어떤 식으로 나누어 가졌는지 살펴보려고 노비의 연령 분포를 보니, 놀라울 만큼 균분을 실천하고 있었다.

삼남매는 모두 똑같이 15명씩 노비를 나누었을 뿐만 아니라, 노비의 나이를 15세 간격으로 구분했을 때 해당 나이 대에 포함되는 노비의 수도 거의 같았던 것이다. 김광려 남매는 거의 완벽하게 재산을 균분했다고 할 수 있다. 이 때문에 앞에서 보았듯이 노비 가족은 해체될 수밖에 없었다. 노비의 성별, 나이, 건강 등에 따라 다소간의 차이는 있겠지만 가급적 균형을 맞추려는 것이 당시의 상속 관행이었다. 여기에는 심정량의 선조도 예외가 될 수 없었다.

하지만 세대를 거듭할수록 나눌 수 있는 재산의 양은 줄어들고, 아버지에서 아들로 이어지는 부계 가족의 형성이 강조되면서 딸들의 몫은 줄어들었다. 1669년에 만들어진 부안 김씨 집안의 고문서를 보면, 균분상속에 따라 여러 양반가에서 아들과 딸이 제사를 돌아가며 지내는 것을 비판하고, 자신의 집안에서는 딸이나 외손자에게 제사를 결코 맡기지 않을 것임을 다짐하고 있었다.

부모와 자식 사이의 정은 비록 아들과 딸의 차이가 없지만, 딸은 부모 생전에 봉양하는 도리가 없고 사후에는 제사를 지내는 예가 없으니, 어찌 유독 토지와 노비만 아들과 똑같이 나누어 주겠는가. 딸자식은 곧 토지와 노비를 아들의 삼분의 일만 나누어 주어도 정의에 헤아려보아 조금도 옳지 않은 것이 없으니, 딸자식과 외손들이 어찌 감히 그것을 넘어 서로 다투려는 마음을 가지겠는가.

이 집안에서는 이때 딸들을 차별해 아들의 1/3만 상속을 해주었던 것이다. 그렇지만 시간이 더 지나면서 점차 딸은 상속에서 배제되었고, 아들 가운데서도 장남의 상속분이 크게 증가하게 되었다. 물론 장남은 제사와 집안을 이어 나가는 책임을 전적으로 떠안아야 했다. 심정량의 집안 역시 그러한 길을 걸었다. 상속 문서가 없어 정확한 실상은 파악하기 어렵지만, 호적을 통해 그의 자녀들이 소유한 노비의 규모를 짐작해볼 수는 있다.

1678년 심정량의 호적에는 모두 59명의 노비가 기재되어 있었고, 자녀들은 적자녀와 서자녀를 합해 모두 12명이었다. 그가 실제로 호적보다 더 많은 노비를 소유하고 있었고, 죽기 전까지 그 수가 더 늘었을 수도 있다. 그렇더라도 자녀들은 배우자의 상속분을 더하거나 특별한 경제활동을 통해 노비 수를 늘리지 않은 이상 그들의 부모보다 더 많은 노비를 소유하기는 어려웠다.

심정량과 그의 부인 유씨가 모두 죽은 뒤인 1732년 호적에서, 그의 적자이자 장남은 모두 30명의 노비를 소유했다. 아버지의 절반 수준으로 노비 수가 줄어든 것이다. 그렇지만 장남은 적장자이기 때문에 적어도 30명의 노비를 호적에 올릴 수가 있었다. 역시 적자인 그의 동생 호적에는 그의 1/3이 못 되는 8명의 노비만 보인다. 균분에서 적장자 우대로 바뀌었던 상속 관행을 심정량의 가계도 따르고 있었던 것이다.

서자들은 적자보다 상속분이 적었지만, 심정량의 서자들은 비교적 살림에 여유가 있었다. 아버지의 재산이 꽤나 많았기 때문이다. 심정량의 첫째 아들은 윤소사와의 사이에서 태어난 서자로 적장자와 스무 살의 나이 차이가 있었다. 그는 1732년 8명의 노비를 소유하고 있었다. 적장자보다 많은 수는 아니었지만 호적에 모든 노비가 나오지 않고 또 다른 적자의 노비 수가 같다는 점을 고려하면 결코 적은 수도 아니었다.

심정량의 서자인 첫째 아들은 1732년 이미 76세의 고령으로 일가를 이룬 상태였다. 서자로서의 차별과 사회적 진출에 있어서의 장벽은 컸지만, 경제적으로는 큰 어려움이 없었던 것으로 보인다. 정소사와의 사이에서 태어난 또 다른 서자도 1732년에는 이미 사망했지만, 1720년 생존 당시에는 11명의 노비를 호적에 올렸다. 그는 경제력을 바탕으로 사회적 지위의 향상에도 관심이 많아, 군자감 주부라는 직역을 얻기도 했다. 서자가 가진 경제력은 그들의 성장에 도움을 주었겠지만, 세대를 거듭할수록 적자든 서자든 할 것 없이 소유 노비의 수는 줄어들 수밖에 없었다.

노비의 가계는 자세하게 기록되지 않아 추적하기가 쉽지 않지만, 심정량 자녀들의 호적에 보이는 일부 노비는 심정량이 소유했던 노비들이 낳은 자녀들이었다. 자신의 부모는 심정량의 노비로 살았고, 이제 자신은 그의 자녀들의 노비가 되어 노비 신분을 대물림하고 있었던 것이다. 그런 면에서 수봉은 운이 좋았다. 노비라는 신분을 자신의 자녀들에게 더 이상 물려주지 않아도 되었던 것이다. 그러기 위해서는 별도의 경제력을 확보하거나 도망가는 방법밖에 없었다.

도망하는 노비들

심정량과 그의 부인 유씨는 모두 80세가 넘어 세상을 떠날 만큼 장수했다. 양반들이 일반적으로 다른 신분의 사람들보다 건강이나 영양 상태가 양호했음을 감안하더라도 그들은 장수한 것이다. 그런데 심씨가에는 그들보다 훨씬 더 나이가 많은 노비가 있었다. 심정량의 손자인 심석범이 소유한 노 신원은 1759년 당시 나이가 무려 130세였다. 도대체 어떻게 된 일일까? 이 집안에는 주인이나 노비나 모두 장수하는 특별한 비법이라도 있었을까?

문제는 심씨가만 그러한 것이 아닌 데 있었다. 1786년 현내면에 거주했던 허의의 비 순금은 219세, 1780년 원당면 박래오의 비 돌화는 196세, 1762년 법물야면 윤상로의 비 용진은 189세 등, 호적에는 100세가 넘는 노비들이 무수하게 등장한다. 아마도 호적을 근거로 조선시대 사람들의 평균수명을 구하면 노비들이 가장 오래 생존했을 것이다. 가장 열악한 처지에 있었던 노비들이 그들의 주인인 양반보다 평균수명이 높다는 것은 믿을 수 없는 일이다.

이들의 나이가 이렇게 많은 이유는 다른 데 있었다. 심씨가의 노 신원에 대해 알아보자. 그는 원래 심정량의 노비로 1678년에 47세였고, 멀리 풍덕에 거주하고 있었다. 심정량의 외거노비였던 것이다. 멀리 있는 외거노비들은 관리가 어려웠으므로, 주인들은 해당 지역 수령에게 감시를 부탁하기도 했다. 개성 근처의 풍덕에서 지리산 자락의 단성까지 신원이 신공을 바치러 다니는 것도 쉬운 일이 아니었고, 심정량이 그를 감독하러 가는 것도 어려웠다.

신원은 심정량의 아들에게 상속이 되었는데, 그나 그의 자녀들이 제대로 신공을 바치지는 않은 것 같다. 1750년 심정량의 아들은 노 신원을 호적에 올리면서 나이를 121세로 기재했다. 1678년에 신원이 47세였으므로 당시에는 살아 있었다면 분명 121세가 맞기는 하지만, 실제 살아 있었던 것은 아니었다. 어느 순간부터 신원은 심씨가에 신공을 바치지 않았고, 그의 주인도 현실적으로 그를 관리하기가 어려워졌다. 신원이 몇 명의 자녀를 두었는지, 또 실제로 풍덕에 남아 있었는지도 정확하지 않았다. 하지만 그에 대한 소유권을 포기하기 어려웠던 심정량의 아들은 신원이 살았을 경우의 나이를 계산해 호적에 올렸던 것이다.

신원은 다시 심정량의 손자에게로 상속되었고, 손자인 심석범은 1759년 그를 정확히 130세로 호적에 올리면서 거주지는 여전히 풍덕으로 기재했다. 사실상 신원의 행방이 묘연함에도 불구하고 언젠가 그 후손을 찾았을 때를 대비해 호적에 계속 올렸던 것이다. 만에 하나 그의 후손들을 찾아내면 그들은 모두 심씨가 자손의 소유가 되기 때문이었다. 100세가 넘는 노비들은 이처럼 행방이 묘연하거나 사실상 도망간 이들로, 살아 있는 사람들이 아니었다. 그럼에도 불구하고 호적에 그들의 이름이 계속 올라가 있는 것은 노비 소유권에 대한 주인들의 집착 때문이었다.

외거노비들이 도망가기가 더 쉽기는 했지만, 노비들의 도망은 외거나 솔거를 막론하고 시간이 지날수록 광범위하게 발생했다. 1678년 심정량의 노비 59명 가운데 13명이 이미 도망가고 없었다. 그들이 언제 도망갔는지를 보니 호적을 만든 그해부터 41년 이전까지 다양했다. 도망갔을 때의 나이는 20대가 7명으로 가장 많고, 10대 후반이 3명으로 그다음을 차지했다. 주로 혈기 왕성한 10대 후반부터 20대에 노비라는 신분적 굴레를 벗어던지고 새로운 삶을 찾아 모험을 감행했던 것이다.

도망간 이들이 다시 노비로 살 리는 없었다. 행상을 하든 남의 집 소작인이 되든 간에 과거의 신분을 숨기고 평민으로 새 삶을 시작했던 것이다. 노비들을 잡아들이려고 주인들은 도망간 곳으로 의심되는 지역의 수령에게 추쇄(推刷)도망간 노비나 부역, 병역 따위를 기피한 사람을 붙잡아 본래의 주인이나 고장으로 돌려보내는 일를 부탁하기도 했다. 관아의 힘을 빌리는 것이 가장 확실한 추쇄 방법이었기 때문이다. 그것이 여의치 않으면 직접 추쇄에 나서기도 했다. 하지만 목숨을 걸고 도망간 노비들이 쉽게 주인의 추쇄에 응할 리는 없었다. 추쇄하러 온 주인과 도망간 노비 사이의 다툼이 곳곳에서 벌어지고 있었던 것이다. 추쇄가 어려울 때는 심씨가처럼 호적에라도 계속 이름과 나이를 올려서 후일을 도모하기도 했다.

그럼에도 불구하고 노비들의 도망은 끊임없이 이어졌다. 1732년 심정량의 적장자가 소유한 노비 30명 가운데 8명, 차남의 노비 8명 가운데 2명이 도망가고 없었다. 호적에 기재된 노비 4명 가운데 1명은 도망 노비였던 셈이다. 많은 양반가에서는 시간이 흐를수록 상속 노비는 줄어들고 도망 노비는 늘어나면서, 노비를 통해 경제력을 늘이기가 어렵게 되었다. 반면 노비들은 새로운 성장의 발판을 마련할 수 있었다.

　때로는 도망 이후의 삶이 끼니라도 해결할 수 있었던 노비로서의 삶보다 더 고통스러울 수도 있었다. 하지만 자신을 둘러싼 억압과 굴레에서 벗어나려는 노비들의 욕망은 매우 자연스러운 것이었다. 수봉은 도망이라는 방법을 선택하지는 않았다. 도망 이후의 삶에 대한 두려움 때문은 아니었다. 그가 이미 안정적인 삶을 누릴 만큼 재산을 모아두었기 때문이다. 그는 도망이라는 방법보다 그가 가진 재산을 통해 노비 신분에서 벗어나는 길을 택하고자 했다.

4. 수봉의 아들들

갓동이는 개똥이

1678년 수봉에게는 네 살짜리 아들 금학만 호적에 나타난다. 이때 수봉은 물론 그의 처와 아들 금학도 모두 노비였다. 시간이 흘러 1717년 호적에는 학, 홍발, 갓동이 등 모두 3명의 아들이 보이는데, 이들은 모두 평민 신분으로 성장했다. 당시 수봉은 막내 갓동이의 호적에서 그 무렵에 사망한 것으로 기재되었다. 수봉이 1678년 32세였으므로 70세 가까이 살았던 것이다. 당시의 평균수명을 고려한다면 주인 심정량 부부에 못지않게 그도 장수했던 셈이다.

수봉의 세 아들 중 막내 갓동이는 한자가 아닌 고유어를 빌려 이름을 지었다. 호적에 기재된 갓동이의 갓은 더할 가(加) 밑에 'ㅅ' 발음을 표시하는 叱(질) 자를 붙여 표기했다. 종성에 'ㅅ'을 가진 한자가 별로 없기 때문에 우리말 소리를 한자식으로 적기 위해 만들어낸 글자이다. 갓 자 다음의 동이는 그러한 발음을 내는 한자가 있기 때문에 그 가운데 비교적 쉬운 동(同) 자와 이(伊) 자를 붙여 표기했다.

호적에는 갓동이 또는 갓동으로 이름 지워진 이들이 많이 등장한다. 평민들도 있지만 대개는 남자 종인 노(奴)의 이름인 경우가 많다. 그들이 설사 평민이라고 하더라도 아마 원래 신분은 노비였을 가능성이 높아 보인다. 이 갓동이는 개똥이의 또 다른 표기다. 수봉의 막내 이름은 원래 개똥이였던 것이다. 노비의 이름은 양반과는 달리 동물, 식물이나 시간, 성격 등에 빗대어 흔하거나 천한 이름으로 짓는 경우가 많았다.

개똥이란 노비 이름은 호적에서 다양한 방식으로 표기되었다. 끼일 개(介) 자 밑에 叱(질) 자를 붙여 갯이란 발음을 만들고 여기에 동(同) 자를 합한 갯동도 발음 그대로 하면 개똥이가 된다. 심정량의 노비였던 옥남의 아들이 이렇게 쓰는 개똥이였다. 한편으로 개똥이는 끼일 개(介) 자와 똥 시(屎) 자를 합해서 쓰기도 했다. 이때 발음은 개시가 되지만 시 자의 의미가 똥이므로 이 역시 개똥이가 된다. 수봉의 이종사촌인 실동의 아버지, 곧 수봉의 이모부 이름도 이렇게 표기된 개똥이였다. 개시는 원래 개똥이지만 후일에는 발음 그대로 개시로 불리기도 했다.

다양한 표기 방식이 있기는 하지만 이들은 모두 '개똥이'다. 호적에는 이러한 개똥이들이 무척이나 많이 등장한다. 노비들의 이름을 얼마나 함부로 짓고 불렀는지 알 수 있는 것이다. 수봉은 그래도 위의 두 아들은 금학(金鶴)과 흥발(興發) 같이 한자식으로 이름을 지었다. 성씨가 없어서일 뿐 이름만 들어서는 노비인지 평민인지 잘 구분이 가지 않는다. 노비 이름에는 이처럼 한자식 이름도 있고, 개똥이 같은 고유어식 이름도 있으며, 한자와 고유어를 섞어놓은 이름도 있었다. 갑돌(甲乭)이 같은 경우가 한자 뒤에 돌멩이를 뜻하는 고유어인 돌 자를 섞어 지은 이름이다.

개똥이를 빼면 수봉의 아들들은 한자식 이름이고, 수봉 역시 한자식 이름이다. 그렇다면 수봉의 직계 조상은 어떠했을까? 수봉의 아버지는 갓복(㖈卜)으로 고유어가 들어가 있고, 어머니는 숙향(淑香)으로 한자식 이름이다. 조부와 증조부는 이름이 나와 있지 않은데, 외조부의 이름이 독특하다. 한자로 단문(丹文)인데, 한자어 이름 같기도 하고 아닌 것 같기도 하다. 풀이하기에 따라서는 고유어 이름으로 볼 수 있는 근거도 있다. 단문이 붉을 단에 글월 문의 결합이므로, 합해서 읽으면 붉다는 뜻을 가진 불글이가 된다. 단문은 한자 이름 그대로인 단문이 아니라 불글이로 불렸을 가능성이 있는 것이다.

수봉의 가계에는 이처럼 고유어 계통의 이름을 가진 이들이 있었지만, 수봉의 자식 대에 와서는 그러한 경향에서 거의 벗어나고 있었다. 수봉의 막내 개똥이도 1717년까지만 그 이름을 썼지 3년 뒤에는 이름을 한자식으로 완전히 바꾸었다. 이미 평민으로 성장한 그가 노비식 이름을 계속 유지해 놀림이나 무시를 받을 이유가 없었던 것이다. 한자식 이름을 지을 때 형 홍발의 이름에 들어간 홍 자를 써서 양반들의 돌림자 이름을 흉내 내기도 했다.

수많은 돌쇠와 마당쇠

노비의 이름에는 두 가지 편견이 들어 있었다. 다른 사람의 소유물로 상속, 매매, 증여의 대상이었던 노비의 이름을 고상하게 지을 필요가 없다는 편견이 그 하나였다. 노비라고 해서 자신의 자식이 귀하지 않을 리 없지만, 어차피 자신이나 자식들은 평생을 속박 속에서 살아갈 수밖에 없었다. 귀한 이름을 짓는다고 그들의 신분이 달라지는 것은 아니었다. 자식의 이름을 지을 때 부모나 주변에서 딱히 떠오르는 고상한 이름도 없었다.

혹 양반 주인이 아끼는 노비의 자식 이름을 지어줄 수도 있겠고, 문자를 조금이라도 아는 주변 사람이 너무 천하지 않은 이름을 붙여주기도 했을 것이다. 하지만 좋은 이름을 얻는 것보다 노비에서 해방되는 것이 그들에게는 더 중요했다. 노비에서 벗어난 뒤에 수봉의 막내아들처럼 개똥이로 지내는 것은 불편했지만, 노비로 남아 있는 이상 홍발이나 개똥이의 차이는 크지 않았던 것이다.

그럼에도 불구하고 개똥이가 이름을 바꾼 것은 고유어가 한자어 이름보다 더 천하다는 편견이 반영된 것이다. 고유어로 지어진 노비 이름의 대명사는 돌쇠와 마당쇠다. 이 이름은 미디어의 영향 때문에 한국인의 귀에 익숙하지만, 미디어에서 이러한 이름을 자주 사용한 것은 실제 그 이름이 흔해서였기도 했다. 한자에도 쇠라는 발음을 내는 글자가 있기는 하지만, 노비 이름에 들어가는 쇠는 쇠금(金) 자를 써서 문서에 표시했다. 돌쇠는 乭金, 마당쇠는 麻堂金처럼 썼다. 쇠금 자를 적고 쇠라고 읽듯이, 밤 율 자가 들어간 栗金은 밤쇠라고 불렀다.

고유어로 된 노비 이름을 조금 더 호적에서 찾아보자. 우선 동물을 빗댄 이름으로는 강아지(江牙之), 도야지(道也之), 송아지(松牙之), 두꺼비(斗去非) 등이 있었다. 마지막이나 끝을 의미하는 이름도 많았는데 막동(莫同)이나 끝동(㐣同)이가 그러한 예였다. 남의 집에 더불어 산다는 의미의 이름으로는 더부사리(多夫沙里), 담사리(淡沙里)가 있었다. 담사리는 돌쇠만큼이나 자주 등장하는 이름인데, 남의 집 담에 붙어 산다는 의미였다.

개똥이나 쇠똥이만큼이나 천하게 지은 이름으로는 개불알, 소불알을 뜻하는 개부리(介不里)나 소부리(牛不里)가 있었다. 아무개란 의미를 가진 지칭어인 거시기(巨時只)도 등장하는데, 대구 호적에서는 영남 지역 사투리가 반영된 이름도 있었다. 광자리(光自里)가 그것이다. 광자리는 도대체 어떤 식으로 불렀고 무슨 의미를 지닌 이름이었을까. 단서는 맨 앞의 글자인 빛 광 자에 있다. 광 자를 뜻으로 읽으면 빛자리, 즉 빗자리가 되는 것이다. 빗자리는 빗자루의 영남 지역 사투리이다. 따라서 광자리는 빗자리로 불렸던 것이다.

여자 종인 비(婢)의 이름에는 외모를 빗댄 것들도 보인다. 곱다는 의미인 곱단(古邑丹), 넙적하다는 의미인 넙덕(汝邑德)이 그런 이름이다. 또한 여자 종에게는 작은년(自斤連, 小斤連), 어린년(於仁連)과 같이 '~년'으로 끝나는 이름도 많이 붙여졌다. 작은년과 마찬가지로 남자 종인 노(奴)에게는 놈 자가 들어간 작은노미(自斤老未, 小斤老未)가 있었다. 다소 민망한 이름도 있어서 개노미(介老未), 개조지(介助之) 같이 거의 욕설에 가까운 이름을 가진 노비도 존재했다.

아무리 천한 신분이라고 하더라도 개노미 같은 이름을 부모가 붙여주었는지는 알 수가 없다. 단성 호적에는 몇 명의 개노미가 등장하는데, 모두 도망 노비들이었다. 혹 도망간 노비의 이름을 주인이 그렇게 불렀던 것은 아닐까? 개조지도 여러 명이 나타나지만, 시간이 흐르면서 한자식 이름으로 개명했다. 그대로 평생 쓰기가 곤란한 이름이었던 것이다.

수봉의 아들 가운데 개똥이가 있었지만, 같은 마을에 살았던 그의 이종사촌 가운데 특이한 이름으로는 수두기(禾豆只)가 있었다. 화(禾)와 지(只)는 우리말 발음으로 각각 '수'와 '기'로 읽는다. 따라서 이 이름은 수두기가 되는데, 수두기는 '수두룩하다'는 말에서 왔을 가능성이 있다. 이 외에도 호적에는 고유어로 만들어진 노비 이름들이 무수하게 등장한다. 때로는 이름만으로 그가 노비인지를 알 수 있기도 하다.

수백 년이 흘러 근래에는 우리말로 지은 이름들이 다시 유행하고 있다. 한자가 갖는 무게감이나 의미를 존중하는 사람들도 있지만, 고유어를 사용해 아름답고 부르기 편한 이름을 지으려는 욕구도 커진 것이다. 때로는 국제화라는 흐름 속에서 영어식 이름을 짓거나 영어로 표기해도 무난한 이름을 지으려는 부모들도 있다. 모두 자신들의 희망이나 욕망을 자녀의 이름에 투영한 것이다. 그런 면에서 노비들에게 붙여진 천하고 흔한 이름은 작명을 통해 발현되는 욕망의 거세를 보여주는 것이기도 하다.

두 명의 김흥발

막내 개똥이의 두 형 흥발과 학에 대해 이야기해보자. 1678년 수봉의 호적에는 아들 학만 보이는데, 이때는 아직 개똥이가 태어나기 전이다. 반면 1717년에는 수봉의 세 아들이 모두 나타나는데, 흥발은 같은 도산면의 고읍대에서, 학과 개똥이는 원산에서 살고 있었다. 당시 흥발과 학은 둘 다 49세로 나이가 같았다. 그렇다면 이 두 사람은 쌍둥이란 이야기이다. 두 명 가운데 누가 형인지는 알 수가 없다.

1678년 금학이 4세였으므로 1717년에는 43세 되어야 하지만 여섯 살이 올라가 있다. 1678년의 4세가 맞을 수도 있고 1717년의 49세가 맞을 수도 있으며, 아니면 두 호적의 나이가 다 틀릴 수도 있다. 1678년의 4세가 맞는 것이라면, 일생 동안 군역을 지는 전체 기간을 줄이려고 중간에 나이를 올린 것이 된다. 1717년의 나이가 맞는 것이라면 1678년에는 10세인 것을 4세로 신고함으로써 군역에 나중에 들어가려고 나이를 늦춘 것이다. 모두 군역 부담을 줄이기 위해 나이를 조작한 것이다.

1717년 흥발과 학이 정확하게 몇 살이었는지는 호적만으로 장담하기는 어렵지만, 두 사람 모두 49세 기유생으로 신고한 것으로 보아 쌍둥이임이 틀림없어 보인다. 1678년 호적에 수봉이 한 사람만 신고했지만, 그에게는 뒤에 흥발로 불릴 아들이 한 명 더 있었던 것이다.

근대 이전의 조선 사회에서는 유아 사망률이 비교적 높았다. 의료나 보건 시설이 근대보다 낙후되었을 뿐만 아니라 영양분의 섭취도 상대적으로 충분하지가 않았다. 유아기를 잘 넘긴다 하더라도 자라면서 죽음으로 이어질 각종 질병에 노출될 가능성은 얼마든지 있었다. 따라서 쌍둥이 형제가 모두, 더구나 노비인 부모 아래서 건강하게 성인으로 자랄 확률은 낮을 수밖에 없었다. 수봉이 1678년 두 아들을 다 호적에 올리지 않은 것은 모든 자식을 신고하지 않는 것이 관행이기도 했지만 이런 이유가 있어서였기도 했다.

쌍둥이를 낳는 일도 흔하지 않았으나 세쌍둥이 이상을 출산하는 일은 매우 드물었다. 이때는 해당 지역의 감사가 기이한 일이라며 국왕에게 보고를 했고, 국왕이 곡식을 내려주기도 했다. 물론 보통의 쌍둥이 출산에는 그러한 혜택이 없었다.

승정원에서 아뢰기를 "한 번에 세 아이를 출산한 자에게는 쌀과 콩 10

석을 지급한 전례가 있습니다. 원주에 사는 양녀 사월이는 아들 세쌍둥이를 낳았고, 양산에 사는 사비 명지는 한 번에 아들 네쌍둥이를 출산했으니, 마땅히 전례대로 지급해야 할 것입니다. 그러나 근래에 흉년이 들어 비축된 곡물이 거의 떨어졌으니 줄여서 주는 것이 어떻겠습니까?"하니, 왕이 전교하기를 "비록 전례에 의하여 준다 하더라도 국고가 어찌 줄어들겠는가. (전례대로 지급하라)"했다.

—『명종실록 1년 2월 8일』

하지만 세쌍둥이가 모두 잘 자라기는 어려웠고, 불행하게도 출산 중에 산모와 같이 죽기도 했다. 세쌍둥이는 아니지만 홍발과 학은 무사히 유년기와 아동기를 넘기고 장년의 나이가 되었다. 수봉이 70대까지 장수한 데다가 경제력도 있었던 집안의 배경이 이들의 성장에 긍정적인 영향을 미쳤을 것이다.

홍발과 학은 1720년 호적에는 모두 52세로 특별한 이상 없이 부인과 자녀가 함께 등장한다. 1723년과 1726년 호적은 남아 있지 않은데, 1729년 호적에서 이상한 일이 일어난다. 이때 홍발은 그가 살았던 고읍대가 아닌 원산에 이름이 등장한다. 쌍둥이 형제 학이 살았던 원산으로 이주한 것일까? 그런데 문제는 호적에 등장하는 홍발의 부인과 자식들이 그가 아닌 학의 부인과 자식들이라는 데 있었다.

남편이 바뀌었다는 것은 상상할 수 없는 일이다. 그렇다면 유일한 가능성은 학이 쌍둥이 형제인 홍발로 이름을 바꾸었다고밖에 볼 수 없다. 이제 진짜 김홍발을 찾아야 한다. 진짜 김홍발은 사라진 것이 아니었다. 도산면의 또 다른 지역인 용흥리에 모습을 드러내고 있기 때문이다. 2명의 김홍발이 출현한 것이다. 그들은 쌍둥이 형제였다. 그렇다면 사라진 것은 홍발이 아니라 학이다.

용흥에 나타난 진짜 홍발은 호적에 이름을 ○ 또는 홍발이라고 적고 있다. ○ 부분은 뭉개져서 잘 보이지 않는데 자세히 살펴보니 학 자 같다. 홍발은 자신의 이름을 학 또는 홍발이라고 해서 호적 작성자를 혼란스럽게 한 것이다. 쌍둥이 형제가 이름을 서로 바꾸거나 혹은 모두 홍발로 자처한 것이다. 이는 두 형제가 서로 의논한 결과로 보인다. 왜냐하면 1729년에 이 두 사람은 61세가 되어야 하는데, 모두 63세로 두 살을 올려놓았다. 나이를 올리면서 태어난 해도 나이에 맞게 기유년에서 정미년으로 바꾸었다.

두 사람이 동시에 나이와 태어난 해를 2년씩 올리고 이름을 바꾼 것으로 보아, 둘 사이에는 긴밀한 논의가 이루어졌음이 틀림없다. 그것이 아니라면 호적 작성자가 쌍둥이 형제의 얼굴을 착각했다고 보아야 한다. 진실이 어디에 있는지 종잡을 수 없다. 1732년 용흥에 모습을 드러낸 진짜 김홍발은 계속 생존해 있었지만, 원산에 거주하며 홍발로 이름을 바꾼 학은 그때 사망했다. 김학은 이름만이 아니라 실제로 완전하게 사라진 것이다.

역사가는 여기에서 장벽을 만난다. 논지 전개를 뒷받침할 자료를 더 이상 찾을 수 없을 때 손을 털 수밖에 없다. 상상과 추론이 동원될 수 있지만, 추론은 추론을 낳고 그러한 추론들로 인해 역사적 사실과는 거리가 먼 새로운 이야기가 꾸며질 수도 있는 것이다. 그런 점에서 문학은 역사학보다 훨씬 자유롭고, 앙상한 뼈대에 풍성하게 살을 덧보탤 수도 있다. 장벽에

막힌 두 형제의 행적을 추적하기 위해서는 어쩔 수 없이 역사적 엄밀성을 잠시 유보하고 상상력을 동원할 수밖에 없다.

상상_김흥발의 진실

호적에서 김흥발 형제에 관해 조금 더 찾아보자. 1732년 김학이 죽은 뒤 그의 자녀들은 아버지의 이름을 본명인 학으로 돌려놓았다. 학의 자녀들은 이후 자신의 아버지 이름을 흥발이 아닌 학으로 분명하게 신고했다. 따라서 학이 흥발로 행세한 기간은 1721년부터 1732년 사이의 몇 년간이다. 이 기간에 무슨 일이 있어서 학은 쌍둥이 형제인 흥발로 이름을 바꾸었을까?

우선 흥발과 학 가운데 누가 형이었는지부터 확인해보자. 1678년 아버지 수봉은 호적에 학만 이름을 올렸다. 쌍둥이 가운데 한 명만 이름을 올렸다면 형을 올렸을 가능성이 더 높아 보인다. 1717년 흥발만 다른 마을에 거주했고, 수봉과 학, 개똥이는 같은 곳에 살았다. 아버지 수봉과 같이 혹은 가까이 거주하면서 그를 봉양한 것은 아마도 첫째였을 가능성이 있으므로 학을 형으로 볼 수 있다.

마지막으로 학에게는 1717년 이미 출가한 딸, 19세와 15세인 두 아들, 10세인 딸이 있었다. 같은 해 흥발에게는 17세와 5세인 두 아들만 있었다. 두 형제의 결혼 나이가 큰 차이가 없었고 정상적으로 출산이 이루어졌다면 자녀들의 연령으로 보아 학이 형임이 틀림없다. 이런 세 가지의 추론에 근거해 쌍둥이 형제 가운데 학을 형, 홍발을 동생으로 볼 수 있다. 그렇다면 형이 동생의 이름을 일시적으로 사용한 것이 된다.

형이 동생 노릇을 한다고 해서 그들이 특별하게 얻을 것은 없었다. 형제 가운데 한 사람만 호적에 실려 군역을 부담했다면 모를까 이름만 같아졌을 뿐, 형제는 모두 호적에 등장했다. 더구나 두 사람은 나이를 꾸준히 올려온 결과, 이름을 동일하게 바꾼 1729년 호적에서 원래의 학은 노제어영군, 실제 홍발은 노제금위보로 군역에서 면제되어 있었다. 노제(老除)란 60세가 넘어 군역 부담에서 벗어났음을 의미하는 용어다.

따라서 두 사람의 직역과 연령을 고려할 때 국가에 내야 할 부세 부담에서 빠지기 위해 속임수를 동원했다고 하기는 어렵다. 그렇다면 어떤 사적인 동기가 있었다고 볼 수 있겠다. 이런 상상을 해보자. 쌍둥이로 태어난 학과 홍발은 다른 쌍둥이들과는 달리 어릴 때 한 사람 혹은 둘 모두 사망하는 곤란을 겪지는 않았다. 다행히 모두 장성해서 결혼하고 일가를 이루었다.

1729년 그들은 실제 55세였으나, 호적을 만들 때마다 조금씩 나이를 올려 신고한 결과, 당시에는 63세로 군역 부담에서도 벗어나 있었다. 그런데 형인 학은 50세를 전후로 질병에 시달리며 장수를 기대하기가 어렵게 되었다. 그러던 어느 날 다른 마을에 사는 건강한 쌍둥이 동생 홍발과 상의해 자신의 이름을 동생 이름인 홍발로 바꾸기로 했다. 얼굴 모습이 같은 데다 이름도 같게 만들어 동생처럼 건강하게 오래 살기를 기원한 것이다.

그러나 학의 그러한 바람에도 불구하고 3년 뒤인 1732년 호적을 만들 때 그는 이미 사망했고, 아들이 주호의 자리를 물려받았다. 과연 건강한 동생 홍발은 적어도 1750년 호적에서까지는 생존해 있었다. 이때 그의 나이는 76세 혹은 바꾼 나이로 하면 84세나 되었다. 1759년에는 그가 사라지므로, 홍발은 1751년 이후 80세를 전후로 사망했다. 형인 학이 장수하려고 동생 이름으로 바꾸기까지 했으나 실제 나이가 58세쯤 되었을 때 사망했고, 건강한 동생만 그 후로도 오랫동안 생존했던 것이다.

이는 하나의 상상에 불과하다. 하지만 조선시대 사람들은 건강이나 장수를 기원하며 이름을 바꾸는 경우가 있었다. 양반들은 과거 합격을 염원하며 이름을 바꾸기도 했다. 상상이 진실이라고 장담할 수는 없지만, 학과 홍발 형제는 호적에 등장하는 흔하지 않은 쌍둥이였고 이름까지 같게 고친 경우라는 사실을 고려할 때, 전혀 그럴 가능성이 없는 것은 아니다. 다만 호적이 말하는 진실은 그들이 쌍둥이였고 한때 형이 동생의 이름으로 바꾸었다는 사실까지다.

2장. 평민 혹은 그 이상

1. 평민의 조건

노비로부터의 해방

1678년 노비였던 수봉은 1717년에 자신은 물론 아들들까지 모두 평민으로 신분이 상승되어 있었다. 이 기간은 수봉의 인생에 있어서 가장 중요한 시기였다. 심정량의 집 행랑채에 솔거 형태로 살지는 않았다고 하더라도, 주인 집 근처에 머물렀던 그가 노비의 신분에서 벗어났음은 물론, 통정대부라는 품계까지 얻었기 때문이다. 아쉽게도 호적은 그의 삶의 여정을 구체적으로 설명해주지는 않는다. 그렇다고 해서 전혀 실마리가 없는 것은 아니다.

이미 말했듯이 김수봉의 직역은 납속통정대부였다. 여기에서 납속이라는 말에 주목해야 한다. 납속이란 곡식을 국가에 납부한다는 의미이다. 다시 말해 자연재해로 국가재정이 어려울 때 그가 많은 곡식을 납부하고 통정대부라는 품계를 받았다는 말이다. 이것은 매우 중요한 단서가 된다. 수봉이 살았던 시대로 다시 거슬러 올라가보자.

그가 32세였던 1678년부터 사망한 1717년까지는 숙종 임금의 통치 기간에 해당한다. 임진왜란과 병자호란으로 피폐해진 조선은 왕조 재건을 위한 다양한 논의 과정을 거쳐, 숙종 대에 오가작통제와 호패법으로 호구 파악 시스템을 정비하고 양전을 실시해 토지에 대한 전면 재조사에 들어갔다. 이러한 노력의 과정에서 조선 사회는 자연재해로 인한 대혼란을 경험하게 되는데, 그것이 두 차례에 걸친 대기근이었다.

조선 왕조 후기의 최대 기근이라고 할 수 있는 경신대기근(1670~71, 현종 11~12년)과 을병대기근(1695~96, 숙종 21~22년)이 이 시기에 일어났다. 경신대기근 당시 수봉은 20대의 젊은 노비였지만, 을병대기근 때는 50대에 접어들어 이미 일가를 이룬 상태였다. 을병대기근의 피해가 얼마나 심했는지 『조선왕조실록』의 기록을 잠시 살펴보자.

> 병자년(1696)에 호적을 만들 때 흉년 때문에 정지했었는데, 이때 와서 비로소 완성했다. 서울과 지방을 통틀어 호수가 1백 29만 3천 83호이고 인구가 5백 77만 2천 3백 명이었는데, 계유년(1693)에 견주어 보면 호수는 25만 3천 3백 이호가 줄었고 인구는 1백 41만 6천 2백 74명이 줄었다. 을해년(1695) 이후 기근과 전염병이 참혹했기 때문에 이 지경이 된 것이다.
>
> ―『숙종실록 25년 11월 16일』

1693년에 호적을 만들고 3년 뒤 다시 호적을 만들어야 하는데, 흉년으로 완성하지 못하고 6년이 지난 1699년에야 호적을 만들었다는 것이다. 그런데 을병대기근을 거치면서 인구가 141만 명이나 감소했다고 통탄하고 있다. 호적에는 많은 사람들이 빠져 있어 실제 인구보다 과소평가되기 마련이었고, 흉년이 들었을 때는 더 많은 사람들이 빠질 수 있었다. 그것을 감안하더라도 호구가 그렇게나 줄었다는 말은 당시의 피해가 얼마나 심각했는지를 보여준다.

대기근으로 국가가 거두어들일 수 있는 세금이 크게 줄었지만, 굶고

병든 이들을 구제하기 위한 구휼 비용은 대폭 늘어났다. 이럴 때 관료들은 민간의 재력 있는 이들에게 손을 내밀 수밖에 없었다. 그 대상은 양반이든 노비든 간에 상관이 없었다. 많은 사람들이 죽어 나갔지만, 재력 있는 노비들에게 이 시기는 신분을 상승시킬 수 있는 절호의 기회이기도 했다. 실록의 기록을 조금 더 살펴보자.

> 진휼청의 당상관 오정위가 교생면강첩(教生免講帖)·노비면천첩(奴婢免賤帖)을 더 만들어서, 영남에서 곡식을 모아 굶주리는 백성을 진휼할 것을 청하니 임금이 허락했다.
>
> ──『숙종실록 3년 11월 13일』

> 통정첩(通政帖)을 더 주어 벼슬을 팔아서 곡식을 모아 진휼하게 했다. 시간이 흘러 각 도에서 백성을 구제할 다른 방도가 없다며 노비의 면천을 요청하는 일이 많아지니 조정에서도 원래의 뜻을 굽혀 따르는 경우가 많았다. 진휼에는 보탬이 되었으나 벼슬을 파는 데 혹 때를 틈타 이익을 얻는 자가 있었고, 노비의 면천에도 외람된 것이 많았다고 한다.
>
> ──『숙종실록 22년 2월 10일』

앞의 기사는 향교 교생의 유교 경전 시험 면제를 허락하는 문서와, 노비의 면천을 허락하는 문서를 영남에서 판매해 진휼 밑천으로 사용했다는 내용이다. 뒤의 기사 역시 진휼 자금을 확보하기 위해 통정대부에 임명하는 공명첩과, 노비의 면천을 허락하는 문서를 판매하는 일이 많았다는 내용이다. 실록을 편찬했던 이는 이러한 정책이 진휼에는 도움이 되었으나 개인적 이익을 좇는 자들에 의해 많은 혼란이 있었다고 평가했다.

결국 기근이 잦았던 숙종 대에 정부는 노비 면천을 인정하는 문서나 통정대부 등에 임명하는 공명첩을 팔아 진휼 재정을 확보했던 것이다. 수봉의 납속통정대부라는 직역은 바로 이러한 배경에서 획득된 것이었다. 그는 노비의 신분에서 벗어나기 위해 야반도주하는 방식이 아닌, 국가에 자신의 재산 일부를 바치고 합법적으로 평민이 되는 납속종량(納粟從良)의 방식을 택했던 것이다.

다만 수봉이 국가에 예속된 공노비가 아니라 사노비였다는 점은 문제가 되었다. 공노비가 흉년에 곡식을 바치고 면천을 원하는 경우 그 처리는 어렵지 않았다. 하지만 개인이 소유권을 가진 사노비의 면천을 국가가 자의적으로 처리하기는 어려웠다. 따라서 사노비를 면천할 때 국가에서는 그 소유권자에게 공노비를 대신 주거나 별도의 방식으로 보상을 해주었다.

수봉은 자신의 주인에게 대가를 치르고 노비 신분에서 벗어났을 수도 있으나, 시대 배경상 국가에 곡식을 바치고 면천이 되었을 가능성을 배제할 수 없다. 그때 그는 그의 자식들에 대한 신분 상승도 동시에 꾀했던 것으로 보인다. 노비였던 아들들도 1717년에는 모두 평민으로 올라가 있었기 때문이다. 더구나 그는 면천 이후에 다시 곡식을 바치고 통정대부라는 공명첩을 샀다. 호적은 그 과정을 자세하게 보여주지는 않지만, 분명한 것은 국가에 많은 곡식을 바칠 정도로 그는 경제력을 지닌 노비였고, 이것이 신분 해방에 큰 도움이 되었다는 점이다.

노비를 소유한 노비

수봉이 노비 신분을 벗어나는 데 그의 경제력이 뒷받침되었다면, 그는 도대체 어느 정도의 재산을 갖고 있었는지, 그것은 또한 어떻게 일군 것인지가 궁금해진다. 수봉이 남긴 문서가 없으므로 이 문제 역시 호적에 의존할 수밖에 없다. 수봉이 마지막으로 호적에 나타나는 것은 1717년 막내 개똥이의 호에서였다. 이때 이 호에는 노, 비 각각 1명씩 2명의 노비가 있었다. 이들은 수봉에게서 개똥이에게 상속된 노비들이다.

원래 노비 출신이었던 수봉도 노비를 소유하고 있었던 것이다. 노비 중 한 명인 큰아기(大阿只)는 양인 옥상과 비 순옥 사이에서 태어났다. 그런데 인근 법물야면 기술에는 옥상과 순옥 사이에서 태어난 일례라고 하는 또 1명의 비가 있었다. 그는 노비에서 속량된 박기룡이란 사람의 부인이었다. 개똥에게는 최소 3명의 노비가 있었고, 그중 2명은 어머니가 순옥으로 같다. 이는 비 순옥도 이 집의 노비였다는 것을 말해준다.

순옥의 두 딸은 당시 39세와 34세였으므로, 순옥이 살아 있었다면 50대 후반이 넘었을 것이다. 그녀는 언제인지는 모르나 수봉의 노비가 되었고, 평민인 옥상과 결혼해서 두 딸이 생기자 그도 수봉의 소유가 되었다. 수봉이 죽으면서 이 두 딸은 수봉의 아들 개똥이에게 소유권이 넘어갔다. 노비였던 수봉이 자신의 노비를 소유했고 이를 다시 자식에게 상속시켰다는 사실만으로도 그의 부를 짐작할 수 있다. 더구나 수봉은 대기근에 곡식을 바치고 노비 신분에서 해방된 뒤에도 여전히 남은 노비가 있었던 것이다.

노비가 노비를 소유하는 일은 더러 있었다. 수봉만이 아니라 수봉의 이종사촌인 실동 역시 1678년에 이미 1명의 노비를 소유하고 있었다. 실동이나 그의 부인 모두 노비 신분이었으나 노비를 거느리고 있었던 것이다. 실동은 경제력을 배경으로 자신의 세 아들 가운데 장남을 먼저 면천시켜 평민 군역자로 만들어놓았다. 심정량의 노비였으나 별도의 호를 구성하고 있었던 수봉과 실동도 그들 자신의 독자적인 경제력을 갖고 있었던 것이다.

노비들은 주인에게 신공을 바치는 틈틈이 토지를 경작하거나 상업, 수공업에 종사해 재산을 늘려 나갔다. 그들은 크게 보면, 주인집에서 제공하는 식량에 전적으로 의존하는 부류, 주인의 토지를 경작해 절반을 자신의 몫으로 확보하는 부류, 주인과 관련 없는 자신의 토지나 남의 토지를 경작해 살아가는 부류로 나뉜다. 수봉은 주인집 인근에 거주했으므로 기본적으로 주인의 토지를 일부 경작했을 것이며, 호적에는 기록되지 않았지만 자신의 토지도 소유했던 것으로 추측된다.

노비의 노비 소유만이 아니라 토지 소유도 흔하게 있는 일이었다. 1720년 경상도 용궁현에서는 전체 토지 가운데 약 10%를 노비가 소유하고 있었다. 이 뿐만 아니라 현재 남아 있는 여러 지역의 고문서에는 노비들이 자신의 토지를 매매하는 내용의 문서가 다수 존재한다. 이러한 문서에서 노비들은 자신이 토지를 소유하게 된 배경을 주로 조상으로부터 상속받았거나 사들인 것으로 밝히고 있다. 노비들도 양반과 마찬가지로 재산을 상속받기도 하고 별도의 재산을 모아 토지를 사들이기도 했던 것이다.

수봉이나 그의 이종사촌 실동이 모두 노비를 소유하고 있는 것으로 보아, 그들의 외가 즉 외조부 불글이로부터 어머니들에게로 재산이 상속되었을 가능성이 있다. 여기에 수봉이 별도의 토지 경작 등을 통해 재산을 더욱 늘려 나간 것으로 보인다. 불행하게도 자식 없이 죽은 노비의 재산은 그의 주인이 가져갈 수 있었는데, 수봉은 여러 명의 아들을 두어 그것이 다시 자식들에게로 상속되었다.

노비의 성과 본관

수봉은 꾸준히 재산을 모아 노비라는 굴레를 벗어 던지는 데 성공했다. 평민이 된 그는 노비라는 흔적을 완전히 지워야 했다. 성씨를 얻는 것도 그중 하나였다. 한국에서 성씨는 삼국시대 왕족부터 사용하기 시작해 귀족을 거쳐, 고려시대에는 일반 평민들도 대개 성을 갖고 있었다. 조선시대에는 노비들도 점차 성씨를 얻어 가는 과정에 있었지만, 여전히 많은 노비들은 이름 외에 성이 따로 없었다.

수봉이 살았던 시기에 절대다수의 평민들은 성과 본관, 이름을 모두 갖추고 있었다. 수봉 역시 완전한 평민으로 살아가기 위해서는 성씨를 획득해야 했다. 그런데 1678년 수봉은 성을 얻기 전에 이미 김해라고 하는 본관을 갖고 있었다. 당시 많은 노비들은 성과 본관이 모두 없었는데, 일부는 수봉과 같이 성이나 본관 중 하나가 호적에 기재되었다. 모든 노비가 다 그렇지는 않았지만 성과 본관을 모두 얻기 전에 둘 중 하나를 먼저 사용했던 것이다.

1678년 수봉이 살았던 도산면 호적에는 모두 312호가 있었다. 이들 호의 주호 가운데 성과 본관을 모두 가진 사람은 전체의 59%인 184명이었다. 이들은 모두 평민 이상의 신분을 가진 사람들이었다. 나머지 사람들은 대부분 노비였는데, 성과 본관이 모두 없는 사람은 35명으로 약 11.2%, 성과 본관 가운데 하나만 있는 사람은 93명으로 약 30%였다. 성과 본관 중에 하나만 가진 사람들 중에는 본관만 있는 사람이 압도적으로 많았다.

　다시 말해 노비들 중에는 본관만 있는 이가 가장 많고, 성과 본관을 모두 갖지 못한 이가 그다음으로 많다는 이야기이다. 그런데 40년 가까이 흘러 1717년이 되면, 도산면에서 성과 본관을 모두 가진 주호는 74%로 늘어나고, 성과 본관이 모두 없는 이는 11%로 큰 변동이 없었다. 크게 줄어든 부류는 성이 없이 본관만 있던 이들로 30%에서 11%로 감소했다. 그전에 본관만 있던 노비들이 성과 본관을 모두 갖추고 평민으로 성장했음을 보여주는 사실이다.

　이는 성과 본관이 모두 없던 노비들이 먼저 본관, 다음에 성씨를 차례로 획득해 나갔다고 유추할 수 있는 근거가 된다. 물론 일부는 그 반대의 과정을 거쳤고, 성씨를 얻으면서 본관이 일시적으로 탈락된 자도 있었다. 수봉은 일반적인 유형대로 본관을 먼저 얻고 다음에 성씨를 가지면서 노비 신분에서도 완전히 벗어났다. 많은 노비들이 수봉과 비슷한 과정을 겪었음은 도산면 주호의 신분 변화를 통해서도 알 수 있다.

　도산면의 주호 가운데 노비는 1678년 128명으로 전체 312명의 약 41%에 해당했다. 그런데 1717년 노비 주호는 99명으로 전체 370명 가운데 약 27%로 줄어들었다. 18세기에 들어서면서 그전에 노비였던 인구가 상당수 감소하고 있었던 것이다. 노비 인구의 감소와 함께 노비이면서 성과 본관을 모두 사용하는 비중도 1678년 5%에서 1717년 18%로 늘어났다. 노비들의 일부는 수봉과 같이 신분을 상승시키며 성과 본관을 획득했고, 일부는 아직 신분 상승을 이루지 못했지만 전체적으로 앞 시기보다 많은 이들이 성과 본관을 얻었던 것이다.

성씨를 얻다

조선의 노비들은 신분적 속박에서 벗어나는 과정에서 반드시 성씨와 본관을 만들었다. 수봉은 1678년 본관을 김해, 1717년 성씨를 김으로 신고했다. 궁금한 점은 수봉이 왜 김해 김씨를 자신의 성관(姓貫)으로 신고했을까 하는 사실이다. 수봉은 대체 김해 김씨와 어떤 연관이 있었을까?

우선 수봉의 직계 조상 가운데 김해 김씨가 있었을 가능성을 생각해볼 수 있다. 그의 조상 가운데 누군가가 김해 김씨 양반 출신이었고, 그가 노비인 첩 사이에서 얻은 자식과 그 후손 가운데 한 사람이 수봉이었다고 상상해볼 수 있는 것이다. 그들은 모두 이름만 가진 노비들이었겠지만 자신의 뿌리가 김해 김씨라는 사실을 기억하고 있다가 어떤 시점에서 이를 드러냈을 수 있다. 실제 호적에서는 이런 경우에 해당하는 인물들이 발견된다.

하지만 수봉의 직계 조상 가운데 김해 김씨인 인물을 확인하기는 어렵다. 수봉은 노비였을 당시 그의 직계 조상들의 이름을 잘 기억하지 못했다. 그가 노비 신분에서 벗어난 뒤에야 조상들의 이름이 구체적으로 호적에 기록되었는데, 이는 조작되었을 가능성이 크다. 그렇다면 그는 자신과 혈연적 연관성이 없는 김해 김씨를 자의적으로 선택했을 가능성이 높다. 그렇다면 다시 처음으로 돌아가 왜 하필 김해 김씨였을까?

이 문제에 답하기 위해 도산면의 김해 김씨가 어떠한 사회적 위치에 있었는지를 확인해보자. 먼저 1678년과 1717년 호적에서 성씨 없이 본관만 기재된 주호들의 본관을 살펴보았다. 이 시기에 본관만 가진 주호는 92명에서 40명으로 대폭 줄어들었다. 같은 시기 성씨 없는 본관은 총 41개였는데, 어떤 특정 본관을 노비들이 많이 갖고 있었다.

본관	1678년		1717년	
	주호 수	순위	주호 수	순위
진주	18	1	3	3
김해	11	2	10	1
단성	7	3	4	2
경주	7	3	3	3
전체	92	·	40	·

본관만 존재하는 주호의 본관 명칭과 순위

노비들이 선호했던 본관은 진주, 김해, 단성, 경주 등으로 모두 경상도 지역이라는 공통점이 있다. 그중에 단성은 도산면이 위치한 곳이고, 진주는 이웃한 지역이었다. 또한 김해와 경주는 이를 본관으로 하는 성씨가 당시는 물론 오늘날까지 매우 많은 곳에 해당한다. 다시 말해 대개 노비들은 지리적으로 가깝거나 인구수가 많아 자신들에게 익숙한 지명을 본관으로 선호하고 있었던 것이다.

1678년 수봉이 사용했던 김해라는 본관은 당시에 본관만 존재한 주호 전체에서 두 번째로 비중이 높았다. 그런데 1717년에는 그 비중이 더욱 높아지면서 주호의 수도 가장 많았다. 성씨 없는 노비들이 본관을 정하면서 수봉과 같이 김해로 결정하는 비중이 높아진다. 따라서 김해라는 본관은 당시 이 지역의 노비들이 혈연적 연관성과 상관없이 가장 선호한 것으로 이해할 수 있다.

다음으로 도산면에서 성씨와 본관을 모두 가진 이들 가운데 수가 많았던 일부 성씨를 살펴볼 필요가 있다.

성관	1678년		1717년	
	주호 수	순위	주호 수	순위
김해 김	22	1	46	1
안동 김	18	2	9	7
밀양 박	18	3	29	2
남원 양	14	4	22	3
진주 유	7	5	10	6
진주 강	4	9	13	4
합천 이	5	6	12	5
기타	:		:	
전체	184	·	275	·

성씨와 본관을 모두 갖춘 주호의 성관별 순위

1678년과 1717년 도산면의 주호 중에는 김해 김씨가 가장 많은 수를 차지하고 있었다. 수봉은 결국 자신이 살고 있던 지역에서 인구수가 가장 많은 김해 김씨를 자신의 성관으로 선택했던 것이다. 수봉과 같은 노비들은 일반적으로 김해 같이 지역에서 흔한 본관을 자신의 본관으로 정했다. 당시 이 지역에서 김해를 본관으로 하는 성씨는 김, 노, 박, 배, 이, 허씨 등 모두 여섯 개였는데, 이 가운데 인구 비중이 절대적으로 높은 것은 김씨였다. 따라서 김해를 본관으로 정한 이들은 다시 가장 흔한 김씨를 자신의 성씨로 선택했다고 할 수 있다. 1678년에 비해 1717년의 김해 김씨 수의 비중이 크게 늘어난 것은 이 때문이었다.

김해 김씨 다음으로 비교적 구성원 수가 많은 성관으로는 밀양 박씨와 남원 양씨가 있었다. 이들은 그 수는 많았지만 전체에서 차지하는 비중의 증가율은 미미한 편이었다. 또한 성이 없이 본관만 가진 주호들 가운데서 밀양이나 남원이 차지하는 비중도 높지 않았다. 이는 밀양 박씨와 남원 양씨가 도산면을 지배했던 대표적인 양반 성관이었다는 점과 관련이 있었다. 적어도 18세기 전반까지 새롭게 성관을 획득했던 이들이 지역의 양반 성관을 선택하기는 쉽지 않았던 것이다.

신분	1678년	1717년
양반	0	0
중인	0	0
평민	22	37
노비	0	9
전체	22	46

김해 김씨 주호의 신분 구성

이와 관련해 이 지역의 김해 김씨가 과연 어떤 신분의 사람들이었는지를 살펴보는 것은 매우 유익하다. 수봉이 남원 양씨 같은 양반 성관을 선택하지 않았으므로 김해 김씨 구성원들은 전혀 다른 신분층이었을 가능성이 높기 때문이다.

1678년은 물론이고 1717년에도 도산면에 거주했던 김해 김씨 가운데 양반이나 중인은 단 1호도 없었다. 1717년에는 9명의 주호가 노비였고, 37명의 평민 가운데 원래 노비였던 이들도 여러 명이 포함되어 있었다. 이는 이 지역에서 인구수가 가장 많은 김해 김씨 구성원들이 모두 하천민 출신이었다는 점, 이로 인해 노비들이 이 성관을 선호했다는 점을 드러내는 것이기도 하다. 따라서 노비 수봉 역시 흔하면서도 신분적 장벽이 높지 않았던 김해 김씨를 자신의 성관으로 선택했다고 할 수 있다.

물론 이는 김해 김씨 전체가 다 하천민 출신이었다는 말이 아니다. 적어도 수봉이 살았던 시기 도산면의 김해 김씨는 양반 성씨가 아니었다는 이야기다. 다른 식으로 말하면 이 지역의 양반 성관이었던 남원 양씨도 다른 곳에서는 얼마든지 노비가 선호하는 성관이 될 수 있었던 것이다. 수봉은 그의 거주 지역에서 가장 흔했던 김해 김씨라는 성관을 얻어 평민이라면 반드시 갖추어야 하는 외형적 조건을 구비했다.

2. 정착과 이주

거주민의 구성

　1717년부터는 평민이 된 수봉의 아들과 그 후손들의 시대로 넘어간다. 그들 중 다수는 수봉이 살았던 마을에서 계속 거주했다. 아버지가 혹은 자신이 노비로 살았던 흔적이 남아 있던 곳이지만 쉽게 다른 곳으로 떠날 수는 없었다. 오랫동안 만들어온 삶의 터전이 그곳에 남아 있었기 때문이다. 국가에 대한 부담이라는 측면에서는 평민 군역자였지만 삶의 방식에서는 농민이었던 그들이 다른 곳으로 떠나려면 새로운 삶에 대한 간절한 동기가 필요했다. 그렇지 않다면 오늘도 어제처럼 비슷한 방식으로 하루나 일년 혹은 일생을 살아가기 마련이었다.

　수봉이 살았던 도산면은 지리적으로 단성현의 중앙부에 위치했다. 이곳의 대표적인 양반가는 남원 양씨와 밀양 박씨였다. 도산면 바로 위에는 안동 권씨의 세거지(世居地)인 신등면과 상산 김씨의 세거지인 법물야면이 있었다. 관아와 향교가 있었던 행정상의 중심부는 서남쪽의 현내면으로, 이곳은 안동 권씨와 성주 이씨의 세거지였다. 청송 심씨도 일찍이 15세기에 도산면으로 들어왔지만 앞의 성씨들에 비해 세력이 크지는 않았다.

　호적은 단성현의 각 면별로 작성이 되었고, 각 면에는 또 여러 개의 리가 포함되어 있었다. 하나의 리는 하나의 자연 촌락으로 구성되기도 하지만, 여러 개의 자연 촌락이 합쳐져 하나의 리가 되기도 했다. 수봉이 살았던 도산면 원산은 넓은 뜰이 펼쳐져 있어 많은 사람들이 모여 사는 곳이었다. 1678년 호적에는 이곳에 무려 70호가 기재되어 있었다.

70호 가운데는 양반 호가 여럿 있었다. 그중 하나가 수봉의 주인인 심정량의 호였고, 나머지는 안동 김씨 호와 합천 이씨가의 과부 호 등이었다. 안동 김씨는 여러 호가 있어서 심정량의 가계보다 수적으로는 우위를 차지하고 있었다. 이들 양반층을 제외하면 거주민의 대다수는 평민이나 노비였다.

가장 많은 수를 차지했던 것은 노비 호였다. 이들은 모두 31호나 되었고, 그 가운데 5호는 심정량의 노비, 또 다른 5호는 안동 김씨가의 노비였다. 나머지 노비들은 주인이 단성현에 거주하는 경우도 있었지만, 인근의 진주나 사천, 멀리는 청주나 서울에 주인이 살고 있는 경우도 있었다. 노비들 다음으로 많은 호는 군역자를 중심으로 한 평민들의 호였다. 경상도의 이곳저곳에서 이주해 온 이들도 더러 있었는데, 그중에는 경주와 함창에서 온 떠돌이 거지도 2명이 있었다.

그렇게 보면 1678년 원산은 넓은 뜰 위에 심정량과 그의 노비 호, 안동 김씨와 그들의 노비 호, 합천 이씨의 두 과부 호를 중심으로 다양한 성씨의 평민 군역자와 여러 외거노비들이 섞여 살고 있었던 셈이다. 수봉의 친척으로는 이종사촌이 3명 있었고, 심정량에게는 서얼인 사촌 동생이 1명 살고 있었다. 심정량의 선대가 일찍 정착했음에도 불구하고 대가 끊기거나 다른 지역으로 이주하면서, 같은 마을에 남아 있던 친척들이 거의 없었던 것이다.

1717년 원산은 호가 모두 98호로 늘어났다. 심정량의 네 아들은 다른 곳으로 옮겨가지 않고 남았으며, 수봉의 세 아들 가운데 2명이 남아 있었다. 수봉의 아들들 입장에서는 불편한 동거가 시작되었다. 비록 평민으로 올라갔지만 아버지나 자신이 한때 노비로 묶여 있었던 심정량가의 아들들과 같은 마을에서 살았던 것이다. 더 이상 심씨가의 노비는 아니었으나, 옛 상전의 집과 그들의 영향력이 남아 있는 곳에서 거주하기란 심리적으로 불편하기 그지없는 일이었다.

당시 원산에서는 노비 호가 44호로 가장 많은 수를 차지했다. 수봉은 노비에서 다행스럽게 해방되었지만, 여전히 많은 이들이 노비로 남아 있었던 것이다. 그들은 심씨가를 비롯해 원산이나 단성현의 다른 곳에 주인을 둔 이들이 많았지만, 경상도와 전라도, 충청도, 서울 등지에 사는 주인의 외거노비들도 여럿 있었다. 다음으로는 평민이나 양반들이 얻었던 직역을 가진 이들이 서로 비슷한 규모로 분포했다.

평민 중에는 수봉의 이종사촌인 실동의 아들과 손자도 있었다. 실동도 심정량의 노비였으나 아들과 손자는 평민으로 신분이 상승했다. 이때 그들은 수봉과 마찬가지로 김해 김씨를 성관으로 삼았다. 실동의 부인이었던 사노비 수양은 청주 한씨, 즉 한소사로 지칭되었다. 완전한 평민 가계로 탈바꿈한 것이다. 이처럼 평민이 된 군역자 가운데는 뿌리가 노비로 연결되는 이들이 많았다.

노비 호와 평민 호가 다수를 이루더라도 1678년과 가장 달라진 것은 유학 호의 증가였다. 1678년에는 유학을 칭한 양반이 소수였지만, 이때는 그 수가 크게 늘어났다. 유학을 비롯해 양반들의 직역을 가진 다수는 과거와 같은 성씨들이었으나, 합천 이씨가 9호로 크게 늘어난 반면 청송 심씨는 심정량의 네 아들, 즉 4호에 불과했다. 이외 여러 성씨들이 한 호나 두 호 정도 다른 곳에서 이주해 정착했다.

유학 호가 늘어난 이유 중 하나는 양반들의 후손이 늘어났기 때문이다. 심정량의 아들들도 18세기라는 시대 분위기 속에서 처가 고을로 옮겨 가지 않고 아버지의 고향에 머물렀다. 이런 상황이 여러 세대에 걸쳐 계속되면 부계를 중심으로 한 친족 집단이 생기기 마련이다. 하지만 심씨가는 아직 그 정도 수준은 아니었다.

유학이 늘어난 또 다른 이유는 양반의 서자들이 유학을 칭하는 것을 국가에서 허용했기 때문이다. 그들은 전에는 유학(儒學)이나 무학(武學)을 익히는 업유(業儒), 업무(業武) 같은 직역을 가져 유학(幼學)을 지칭하지 못했는데, 숙종 대부터 그러한 규제가 완화된 것이다. 따라서 양반으로 보이는 호가 늘어난 것은 양반들의 자연적인 증가와 그들 서얼들의 직역 상승 때문이었다. 물론 이때 유학을 칭한 서얼과 그 후손들이 적자 가계로부터 온당한 양반으로 대우받은 것은 아니었다.

80여 년이 흐른 18세기 말엽인 1789년 호적에서 원산은 원산상촌과 원산중촌, 장죽촌으로 나뉘어졌다. 세 곳의 전체 호는 87호로 과거보다 줄어들었다. 실제 인구가 줄었다기보다는 국가에서 확보하기를 원했던 호구의 총수가 줄어들고, 국가의 인구 파악이나 통제 능력도 저하되어 나타난 현상이었다.

이때 놀라운 것은 노비 호가 4호밖에 되지 않는다는 사실이다. 1717년에 비해 1/10 이상 감소한 수치다. 노비들의 도망이나 또 다른 노력에 의한 신분 해방의 결과였다. 수봉이 그러한 흐름을 일찍 타긴 했지만, 대다수의 노비들도 자신에게 씌워진 신분의 굴레에서 벗어나기를 원했고, 오랜 세월을 거치면서 그것은 현실로 드러나고 있었던 것이다.

　노비를 제외하면 유학 호의 수가 가장 많고, 군역 호가 엇비슷하게 존재했다. 유학 호 가운데 1717년에 가장 많은 수를 차지했던 합천 이씨는 소수만 남고 이주했으며, 안동 김씨도 이곳을 완전히 떠나갔다. 반면 청송 심씨 호는 18호로 크게 늘어났다. 청송 심씨를 중심으로 재편이 이루어지고 있었던 것이다. 하지만 청송 심씨는 세 곳에 골고루 거주한 것이 아니라 장죽촌을 중심으로 모여 살고 있었다.

　당시 수봉의 후손은 2호밖에는 보이지 않았다. 호적에서 사라지거나 다른 마을로 이주했던 것이다. 원산에는 김해 김씨들이 많이 늘어났으나, 수봉과 혈연적으로 연결되는 이들은 거의 없었다. 이들은 양반이 아니었는데, 선대로 거슬러 올라가면 아마도 수봉처럼 노비 가계로 연결되는 이들이 여럿 있었을 것으로 생각된다. 이곳에서는 노비들이 평민으로 성장하면서 김해 김씨를 성씨로 얻는 경우가 많았음은 앞에서 이야기한 바와 같다. 결국 1678년의 수봉 이후 백여 년의 시간이 흐르는 사이에도, 원산에서는 그의 후손 다수가 정착하면서 결속하는 모습을 보이지는 못했다.

떠나는 자들

　시간이 흐르면서 어떤 이들은 자신이 살던 마을에서 떠나고, 어떤 이들은 호적에서 사라진다. 떠난 이들은 자신을 둘러싼 굴레를 벗어던지고 싫거나 다른 곳에서 새로운 희망을 얻으려는 이들이었다. 자신의 마을에 계속 살았음에도 불구하고 호적에서 사라져버린 이들도 있었다. 호적은 전체 인구를 기록한 것이 아니었기 때문이다.

호적에 들어간다는 것은 어떤 의미를 가질까? 호적은 국가가 호구를 파악해 필요한 세금을 거두기 위한 장부 기능을 했다. 따라서 호적에 들어가면 호세(戶稅)나 구세(口稅)를 부담해야 했다. 대표적인 구세는 조선 후기가 되면 양반들은 빠져나가고 평민들만 졌던 군역 부담이었다. 평민들은 호적에 들어가면 군역과 호세를 부담하는 대상이 되는 것이었다. 당연히 그들은 호적에서 빠지거나 혹은 들어가더라도 군역자가 아닌 다른 직역을 얻기를 원했다. 그래도 호적에 들어가 있으면 춘궁기에 관아에 요청해 환곡을 받아먹을 수가 있었다. 18세기에 노비 출신의 시인으로 유명했던 정초부의 시 중에는 환곡을 구걸하는 내용이 있다.

산새는 진작부터 산사람 얼굴을 알고 있건만

관아 호적에는 아예 들판 늙은이 이름이 빠졌구나

큰 창고에 쌓인 쌀을 한 톨도 나눠 갖기 어려워

높은 다락에 홀로 오르니 저녁밥 짓는 연기 피어오르네

山禽舊識山人面

郡籍曾無野客名

一粒難分太倉粟

高樓獨倚暮烟生

— 정초부, 〈환곡을 구걸하며〉(乞糶)

정초부가 그의 재능을 인정한 주인 여춘영의 배려로 노비에서 해방된 뒤 지은 것으로 추정되는 이 시에서, 그는 굶주림을 참다못해 관아에서 환곡을 빌리려고 했다. 하지만 호적에 이름이 빠져 있어 뜻을 이루지 못하고 저녁밥 짓는 남의 집의 연기만 물끄러미 바라보고 있다는 내용이다. 이 시에서 드러나듯이 호적에 등재되면 국가가 부과한 역을 수행해야 했지만 환곡 수령의 대상이 되는 혜택도 있었다. 그런데 19세기에는 환곡도 세금의 일종으로 변질되어, 호적에 등재된 이들에게 강제로 환곡을 나누어 주거나 받아내는 등의 무리한 운영이 잇따랐다.

김홍도의 〈도선도〉에 실린 노비 출신 시인 정초부의 시 〈동호〉(東湖)

양반은 군역을 지지는 않았으나 호세는 부담해야 했다. 그렇다고 해서 그들이 호적에서 빠지기를 원했던 것은 아니었다. 국가에서는 양반들을 호적에 반드시 포함시키려 했고, 그들 역시 양반으로서의 신분을 인정받거나 노비의 소유권을 확보하기 위해 자신과 자신의 노비를 호적에 올렸다. 숙종 대에는 호적에 이름이 없는 과거 급제자의 합격을 취소시킨 일도 있어서, 양반들이 호적에서 빠지는 것은 오히려 해가 될 수도 있었다.

호적에 기재된 이들이 이러저러한 세금을 부담했다면, 그들은 기본적으로 그 세금을 감당할 만한 경제력이 있었다고 보아야 한다. 호적에 모든 사람들이 들어가지 않는 이유가 여기에 있었다. 일부는 세금을 내지 않으려고 고의로 빠진 이들도 있었지만, 다수는 국가가 필요로 하는 수의 호구만 기재하는 바람에 관행적으로 빠졌던 것이다. 안동에서는 호적에서 빠진 이들이 호적을 만들 때 필요한 종이값을 지불하기도 했다.

물론 호적에 들어간 이들 가운데는 경제력이 없었지만 불가피하게 편입된 이들도 있었다. 특정 직역자를 채우거나 필요한 호수를 확보하기 위해서였다. 수봉의 후손 가운데는 실제 원산촌에 거주하면서도 파악 대상이 아니어서 호적에 들어가지 못한 이들도 있었을 것이다. 이들을 찾아내는 것은 쉽지가 않다. 다만 단성현의 다른 곳으로 이주한 이들은 추적이 가능하다.

수봉의 세 아들 가운데 아버지가 터를 잡고 있었던 원산을 떠난 이는 둘째 흥발이었다. 그는 1717년 도산면의 고읍대촌으로 이주했다가, 1729년에는 다시 용흥촌으로 옮겨갔다. 나머지 두 형제가 아버지처럼 원산에서 생을 마감한 것과는 달리, 그는 두 차례나 삶의 터전을 바꾸었던 것이다. 흥발이 처음 이주한 고읍대촌은 25호 규모의 작은 마을이었다. 그곳은 주로 남원 양씨가 뿌리를 내리고 있어서 청송 심씨의 직접적인 영향권 아래 있지 않았다.

1729년 홍발이 다시 이주한 용흥촌은 18호 규모로 고읍대촌보다 더 작은 마을이었다. 이곳 역시 남원 양씨들이 영향력을 가진 곳이었으나 고읍대촌에 비해서는 상대적으로 그 수나 힘이 미미했다. 홍발은 한때 그와 아버지의 주인이었던 심정량 집안의 근거지를 떠나 새로운 삶을 모색하고 있었던 것이다. 그가 찾은 새 터전은 넓은 뜰에 많은 집들이 모여 있는 윤택한 곳은 아니지만, 옛 주인의 영향력에서 조금이라도 떨어진 곳, 위세 있는 양반들의 힘이 마을을 압도하지 않는 그런 곳이었다.

이러한 경향은 그의 자식들에게서도 나타난다. 홍발의 아들과 후손들 가운데 일부는 그가 새롭게 터를 잡은 용흥촌에 정착했다. 하지만 또 다른 그의 아들과 후손들은 용흥이 아닌, 도산면에 있는 등광이라는 마을에 뿌리를 내렸다.

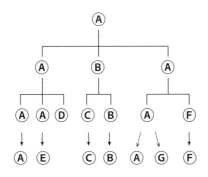

(Ⓐ원산 Ⓑ용흥 Ⓒ등광 Ⓓ청계암 Ⓔ법파 Ⓕ모례 Ⓖ율현)

수봉과 후손들의 정착지

홍발 후손들의 또 다른 정착지인 등광은 마을의 성격이 많이 달랐다. 등광은 1729년에 전체 21호 가운데 14호가 평민, 4호가 노비로 구성된 전형적인 하천민 마을이었다. 유학 호가 3호 있었으나 그들은 전통적인 양반이 아니라 평민이나 중간층에서 유학으로 직역만 상승된 이들이었다. 다시 말해 전통 양반 세력이 존재하지 않았던, 평민들이 절대다수를 이루는 곳에 홍발의 자손들이 뿌리를 내린 것이다.

등광은 수봉의 후손들이 정착한 주요 지역들 가운데 가장 자유로운 곳이었다. 마을에서 마주치는 사람은 대부분 그와 처지가 비슷한 이들이었다. 평민들 중에는 자신과 마찬가지로 선대가 노비로 연결되는 이들도 적지 않았다. 늘 허리를 굽히고 살아야 하는 대상인 양반들을 일상적으로 마주칠 일은 적었다. 홍발의 자손들에게 이곳은 새로운 도전이자 기회의 땅이었다. 비록 양반가의 전답을 경작해 그들의 소작인으로 생계를 잇는다고 하더라도 사회적 지위를 상승시킬 수 있는 기회를 얻을 가능성은 더 컸다.

뒤에서 언급하겠지만 수봉의 여러 후손들 가운데 호적에 가장 오랫동안 꾸준히 등장하고 사회적 성장도 활발했던 일파가 바로 등광에 자리 잡은 이들이었다. 물론 양반들의 시선에서 벗어났다고 해서 모든 것이 해결되지는 않았다. 그들의 경제력을 향상시키는 일은 그들의 몫이었다. 당시에는 미곡이나 상품성이 있는 작물의 재배와 거래가 이전 시기보다 활발했다. 누구에게나 기회가 찾아오는 것은 아니지만 평민들도 재산을 늘려나갈 수 있는 가능성이 있었다. 호적에 꾸준히 등장하면서 직역을 상승시켜 나간 이들은 바로 그러한 부류에 해당했다.

홍발의 한 아들이 하천민 마을로 옮겨간 것은 그런 기회를 얻으려는 노력의 과정이었다. 양반들의 영향력이 큰 마을에서는 비교적 근래까지 누가 양반의 후손인지 아닌지를 주민들은 잘 알고 있었다. 양반의 후손들은 하천민의 후손들과 절대로 결혼하지 않았고 쉽게 교류도 하지 않았다. 때로는 하천민의 후손들에게 말을 놓는, 즉 하대를 하기도 했다. 근대 이후에도 도시화의 영향이 적었던 일부 시골 마을에서 근래까지 벌어졌던 일이다.

신분 질서가 엄격했던 조선시대에 양반가의 위세가 등등했던 마을에서 하천민들이 생활하기란 훨씬 어려울 수밖에 없었다. 따라서 새로운 정착지를 찾아 나서는 것은 어쩌면 자연스러운 일이기도 했다. 그 과정에서 수봉의 후손들은 용홍이나 등광이 아닌 다른 곳으로도 뻗어 나갔다. 수봉의 첫째 아들 학의 자손들은 원산 외에 현내면의 청계암이나 법파촌으로 이주했다. 현내면은 도산면에서 비교적 거리가 멀었고 큰 강을 건너야 하는 곳이었다.

수봉의 셋째 아들 개똥이의 후손들은 원산 외에 법물야면의 모례와 율현촌으로 옮겨갔다. 법물야면은 도산면 북쪽에 인접해 있었지만 역시 부모들의 정착지를 떠났다는 점에서는 마찬가지였다. 이러한 이동은 그들의 직역을 상승시키기에 좋은 기회가 되기도 했다. 현내면 법파촌으로 옮긴 김학의 손자는 어영청 보인에서 중간층인 한량으로 올라섰다. 마찬가지로 법물야면 율현촌으로 넘어간 개똥이의 손자 역시 어영청 보인이라는 군역에서 업무로 성장했다.

하지만 그러한 노력이 항상 성공하는 것은 아니었다. 새로운 도전에도 불구하고 삶이 나아지지 않을 가능성은 언제나 있었다. 때로는 단순히 먹고살기 위해 마을을 떠나야 하기도 했다. 아버지와 같이 원산에 거주하다 멀리 청계암으로 떠난 김학의 아들 해주는 군역자가 아닌 수철장(水鐵匠)이라는 새로운 선택을 했다. 수철장은 관청에 예속되어 무쇠로 각종 기구나 그릇을 만드는 대장장이였다. 대장장이는 원래 평민과 천민으로 구성되었지만, 조선 후기에는 대부분 평민들이 맡았다. 하지만 일이 고될 뿐더러 사람들로부터 천대를 받기 일쑤였다.

수철장인 김해주는 1750년 이후로는 더 이상 호적에 기재되지 않았다. 그의 삶이 매우 불안정했음을 보여주는 것이다. 특정한 양반의 후손 가운데서도 과거에 급제해 관료로 나아간 이가 있는가 하면, 잔반(殘班)으로 몰락해버린 이도 있을 수 있다. 그렇듯이 수봉의 후손 역시 사회적인 성장을 이룬 이가 있는가 하면, 평민이 되었으나 생활이 더 힘들어진 이들도 있었다. 그 결과를 예측하기는 어려웠겠지만, 후손 중 일부는 직면한 현실에 도전을 시도했다. 조상이 뿌리내렸던 곳에 그대로 머무는 이가 있었는가 하면 새로운 삶을 찾아 떠나는 이도 있었던 것이다.

혼란스러운 이름

김일달, 김소달, 김금이, 김금달. 이들은 모두 홍발의 아들이다. 홍발이 이렇게 많은 아들을 둔 것이 아니라, 한 사람이 여러 이름을 사용한 것이다. 호적에서 사람을 추적할 때 가장 어려운 점은, 바로 이처럼 한 사람이 여러 차례 개명을 했을 때다. 수봉의 후손 가운데는 그의 손자 대부터 개명이 활발하게 시작되었다. 홍발의 또 다른 아들 소명은 효명, 세흠 등의 이름을 갖고 있었다. 홍발의 아들만이 아니라 조카 해송은 해구, 해주로, 또 다른 조카 일양은 일창, 일헌 등으로 바꿨다.

이러한 이름 바꾸기는 손자를 넘어 증손자, 고손자 등으로 계속 이어졌다. 왜 이렇게 이름을 자주 바꾸었을까? 노비에서 평민으로 성장하는 과정에서는 고유어 이름을 한자식 이름으로 바꾸는 경우가 흔히 있었다. 단성 호적에 등장하는 남성들의 이름을 보면, 노비보다 평민층에서 고유어 이름을 가진 사람들의 비중이 적었다. 평민 가운데는 경제적으로 여유가 있어서 상층 직역을 가진 이들은 거의 고유어 이름을 사용하지 않았다. 고유어 이름은 그 자체만으로 하천민의 이미지가 묻어나기 때문에 기피했던 것이다.

하지만 개똥이가 개명한 이후, 수봉의 후손들 가운데 고유어를 한자식 이름으로 개명한 사례는 거의 없다. 대개는 한자식 이름을 또 다른 한자를 넣어 새로 짓는 방식이었다. 그 과정에서 가급적 자식들 이름 중에 한 글자를 같게 만들어 항렬자 효과를 내는 경우가 있었다. 하지만 이때 형제를 넘어 사촌 이상으로 항렬자의 통일성을 갖지는 못했다. 그것은 수봉의 후손들이 평민으로 성장하기는 했지만, 아직 양반들처럼 부계친족 집단을 형성하지는 못했기 때문이다.

이들도 19세기가 되면 사촌을 넘어 육촌, 팔촌까지도 같은 항렬자를 사용하는 경향을 보인다. 친족 집단이 만들어지고 그들 서로 간에 유대가 없었다면 이루어지기 어려운 일이었다. 그런 점에서 개명은 최소한 형제들

간의 유대나 그 이상을 넘어서는 친족 관념이 생기는 과정에서 나타나는 일이기도 했다. 이외에도 개인적으로 질병에서 벗어나기를 바라거나 장수를 기원하거나 혹은 다른 이유로 이름을 바꿀 수 있었다.

그런데 한 가지 재미있는 사실은 개명을 적극적으로 시도한 이들은 주로 수봉의 손자 대부터 고손자 대로 18세기에 살았던 인물들이었다는 데 있다. 그 가운데 주목되는 사실은 수봉의 세 아들 가운데 둘째인 홍발의 후손들이 가장 빈번하게 개명을 시도했다는 점이다. 홍발의 후손들은 주로 등광촌과 용흥촌에 거주했는데, 그들 중에서 완전한 평민 마을인 등광촌 거주자들의 개명이 더욱 활발했다. 이는 매우 의미심장한 사실이다.

수봉의 후손 가운데 특정 마을에 살았던 특정 계열의 인물들이 개명에 가장 적극적이었고, 그들이 결국 호적에 가장 오랫동안 남아 있으면서 사회적 성장을 주도했던 것이다. 그렇다면 개명이 사회적 성장을 위한 방편으로 활용된 것은 아닐까. 수봉의 세 아들은 기억에 없었던 조상의 이름을 새로 짓거나 바꾸었다. 그와 동시에 노비였던 조상의 직역을 감추고 평민 군역자로 둔갑시켰다. 이는 모두 조상의 과거를 지우기 위한 노력이었다.

수봉의 손자 대부터는 스스로의 과거를 지우려는 노력을 시도했다. 이름을 바꾸는 것이 항렬자를 맞추거나 건강 기원 등을 위해서일 수도 있지만, 스스로를 감추거나 혼란스럽게 만들려는 의도도 그 속에 있었다. 자신의 이름을 바꾼다는 것은 기본적으로 그전의 다른 이름을 사용했던 자신을 잊고 싶거나 잊으려는 욕망이 반영된 것이다. 그것도 한 사람이 여러 차례 개명을 하려고 했다면 더욱더 그러한 것이다. 물론 김일달이 이름을 바꾼다고 해서 자신의 삶이나 주변 사람들과의 관계가 갑자기 바뀌는 것은 아니었다.

하지만 호적이란 문서에 한 사람의 이름이 시기에 따라 바뀌고 그것이 세대를 이어 거듭된다면 문제는 완전히 달라진다. 그 사람의 존재 자체가 혼란스러워지는 것이다. 이름만 바꾸는 것이 아니라 직역까지 달라진다면 혼란은 가중된다. 홍발의 손자 김명재는 평민 군역자인 마군이었으나, 1762년 필중으로 이름을 바꾼 뒤 직역도 중간층의 업유로 올라갔다. 이름을 바꾸는 것은 결국 이처럼 자신의 과거를 숨기고 새롭게 출발하거나 성장하기 위한 방편이기도 했다. 모든 개명이 다 그러한 것은 아니었지만, 때로 그것은 의도된 혼란을 통해 새로운 자신을 만들어내는 과정이기도 했던 것이다.

심씨가의 집거

수봉의 자손들이 새로운 삶을 찾아 자신의 마을을 떠났던 것과는 달리, 심정량의 자손들은 쉽게 이동하지 않았다. 자신들의 터전을 벗어나야 할 만큼 절박한 사정이 그들에게는 없었기 때문이다. 심정량의 후손들은 18세기 후반에 주로 장죽전에 모여 살았는데, 이는 그들이 원산에서 새로운 마을로 이주했기 때문이 아니라 원산의 규모가 커서 세 곳으로 나뉘어졌기 때문이다.

1750년까지 하나의 리(里)였던 원산은 1759년부터 원산서변, 원산중, 장죽전 등 세 곳으로 분화되었다. 규모나 성격에 따라 하나의 리가 여러 개로 나뉘거나 여러 개가 하나로 합쳐지는 일은 종종 있었다. 1759년 원산이 세 곳으로 분화되었을 때 각각의 호수는 49, 39, 35호로 대략의 수적 균형을 맞추면서 나뉘어졌다. 당시 수봉의 후손들은 대부분 원산서변에 거주했고, 심정량의 후손은 1호가 원산중, 나머지 8호는 장죽전에 모여 있었다.

이때 장죽전에는 수봉의 후손이 없었고, 원산서변에는 심정량의 후손이 없었다. 수봉의 가계가 평민으로 성장하면서 주인과 노비로 묶여 있었던 심정량 가계와의 관계는 끊어졌지만, 그들은 여전히 행정적으로 같은 곳에 머물러 있었다. 그러다가 리의 분화를 통해 두 가계는 행정적으로도 묶이지 않았다. 수봉의 후손들 중에는 일찍이 다른 곳으로 이주하는 이들이 있었지만, 원산에 머물렀던 이들 또한 적어도 행정적으로는 점차 옛 주인 가계와의 관계가 멀어지고 있었던 것이다.

심정량의 후손들은 원산이 분화될 때 수봉가를 비롯해 평민이나 노비들이 주류를 이루었던 마을과 자신들의 거주지를 구분하고 싶어 했다. 자신들의 거주지를 원산이란 이름을 빼고 장죽전으로 바꾼 것도 그러한 희망이 반영된 것이었다. 원산에서 분화된 장죽전은 이제 심정량의 후손들이 절대적으로 영향력을 가진 청송 심씨 중심의 마을로 재편되었다. 전체 호의 1/4가량이 청송 심씨들이었고, 유학 호의 절대다수도 이들이었다. 노비 호도 몇 호 있었으나, 그중 최소 2호는 심씨가의 노비들이었다.

이러한 흐름은 1789년까지 이어졌다. 세 곳의 이름은 원산상, 원산중, 장죽으로 조정되었다. 이때 장죽은 원산하촌이 아닌 장죽촌으로 남았다. 심정량의 후손들은 원산상촌과 중촌에 5호가, 장죽촌에 10호가 머물러, 장죽이 아닌 곳에서도 수가 다소 늘었으나 중심지는 여전히 장죽촌이었다.

당시 장죽은 전체 18호 가운데 평민 4호를 빼면 나머지는 모두 유학 호로 외형상 완전한 양반 마을로 바뀌었다. 유학 호 13호 중에는 절대다수인 10호가 청송 심씨 호였다. 1759년의 분화 이후 이곳은 심정량의 후손인 청송 심씨 중심의 반촌으로 탈바꿈한 것이다.

단성의 여러 양반가 중에는 이들과는 다른 움직임을 보이는 경우도 있었다. 청송 심씨와 마찬가지로 15세기에 단성에 들어온 안동 권씨는, 후손의 정착과 함께 구성원 수가 늘어나면서 단성현 내의 여러 곳으로 뻗어 나갔다. 그들은 계파에 따라 현내면, 원당면, 신등면으로 확산되면서 곳곳에 동성 촌락을 만들고 있었다. 그보다 일찍 단성에 들어온 상산 김씨도 법물야면에 집거했지만, 거주지는 법물야면 내의 여러 마을로 확산되어 나갔다.

반면에 심정량의 후손은 이들 양반가처럼 그 수가 크게 늘지 못하고 영향력도 이들에 미치지 못하면서 한마을에 집거하는 전략을 취했다. 그들은 원산의 분화와 함께 장죽촌을 장악하면서 자신들의 영향력을 온존시키려 했던 것이다. 수봉의 후손들이 심씨가의 손길을 벗어나 다른 마을로 이주하면서 성장을 꾀했다면, 심정량의 후손들은 한곳에 집거함으로써 다른 양반가와 경쟁했던 것이다.

1729년 호적부터는 심정량의 후손이 아닌 또 다른 청송 심씨가의 인물들이 등장하는데, 이는 정치적인 사건으로 유배된 심정신과 그 후손들이었다. 그는 영조 즉위 후 경종 대 노론 인사가 대거 제거된 신임옥사(辛壬獄事)에 연루된 혐의를 받아 단성에 유배된 인물이었다. 그는 심정량의 8대조 형제 중 한 사람인 심징의 후손이었다. 따라서 심정량과는 촌수가 꽤 멀었다. 그의 조부 심지원은 효종 대 영의정에 오를 만큼 중앙 정계에 영향력 있는 인물이었다.

유배된 이들은 대개 현지에서 비교적 자유로운 생활을 하다가 중앙 정계로 복귀하는 경우가 많았다. 심정신은 유배 당시 관료가 아니었기 때문에 정계로 돌아가지는 못했다. 그는 오히려 단성에 정착했고 그의 자녀와 후손들도 그곳을 새로운 세거지로 삼았다. 심정신은 현내면 강루촌에 머물렀고 후손들은 주로 원당면 묵곡촌에 거주했다. 그들은 이곳의 전통 양반가인 안동 권씨, 성주 이씨 등과 통혼하면서 양반으로서의 지위를 유지해 나갔다. 따라서 18세기 청송 심씨는 앞서 정착한 장죽의 심정량 후손과 새로 들어온 묵곡의 심정신 후손으로 구분되었다.

3. 수봉가의 배우자

동성동본혼의 흔적

노비들은 같은 노비끼리 결혼하는 것이 일반적이었고, 때로는 평민과 양천교혼을 하기도 했다. 노비에서 해방된 수봉의 자손들은 더 이상 노비를 배우자로 맞아들이지는 않았다. 그들은 같은 평민 신분의 인물을 배우자로 선택했던 것이다. 물론 평민이라고 하더라도 수봉가처럼 그 뿌리가 노비로 연결될 수는 있었다.

양반들은 그들 집안의 사회적 위세에 따라 배우자의 선택 범위가 달랐다. 중앙의 고위 관료들은 같은 당색과 비슷한 영향력을 가진 집안이나 혹은 명문가의 후손을 배우자로 맞아들이고 싶어 했다. 지방의 양반들도 그러한 욕심은 있었으나 대개 자신이 살고 있는 곳이나 인근 군현의 전통 양반가와 혼인을 맺었다. 심정량의 집안도 대대로 같은 단성이나 인근 군현의 주요 양반 가문들과 결혼했다.

당시 양반들이 배우자로서 기피했던 대상은 동성동본의 인물이었다. 조선 왕조는 제도적으로 같은 성씨 간의 결혼을 규제했다. 하지만 같은 성씨라도 본관이 다르면 가계가 서로 연결되지 않는다는 인식 때문에 실질적으로는 동성동본혼만 기피했다. 이 지역에 남아 있는 가장 이른 시기의 호적인 1606년 호적에서 양반들의 동성동본혼은 발견되지 않는다. 양반들이라고 동성동본혼을 하지 않았던 것은 아니지만, 국가의 규제와 친족 관념의 확립에 따라 이 시기에는 더 이상 동성동본혼을 하지 않았던 것이다.

하지만 평민들은 상황이 달랐다. 동성동본혼이 다수는 아니더라도 그 흔적은 오랫동안 남아 있었다. 그것은 수봉가의 후손들에게서도 마찬가지였다. 김학의 아들로 현내면 청계암에서 수철장을 지낸 해주는 자신의 딸을 같은 마을의 김천일에게 시집보냈다. 그런데 김천일은 수봉과 마찬가지로 본관이 김해였다. 동성동본 간에 혼인이 이루어진 것이다. 김천일이 언제부터 김해 김씨였는지 확인하기 위해 호적을 추적했지만 그 선조를 찾을 수가 없었다.

그런데 이상한 것은 김천일의 외조부였다. 1783년 김천일의 외조부 김시운은 본관이 선산이었는데, 1789년 호적에는 본관이 김해로 바뀌었다. 어떤 실수가 있었던 것일까. 외조부의 본관이 김해라면 그의 어머니도 김해 김씨가 되어 부모도 동성동본혼을 한 셈이 된다. 자신의 호구를 신고하는 과정에서 기억의 혼란으로 김천일이 실수를 했을 수도 있다. 하지만 문제는 본관의 변동이 김천일에게만 해당하는 일이 아니라는 점이다.

현내면 법파에 거주했던 김학의 손자를 보자. 1786년 그의 호적에서 부인은 김해 김씨 시달의 딸로 되어 있다. 동성동본혼인 것이다. 그런데 1780년 그녀의 본관은 성산이었다. 역시 본관이 시기에 따라 바뀌고 있으며, 가계를 추적하기도 어려웠다. 이런 일은 수봉가의 배우자에게서만 나타나는 현상은 아니었다. 또한 단지 호구 신고자나 작성자의 단순한 실수라고 말하기도 어렵다.

더 중요한 사실은 수봉의 경우처럼 많은 이들이 성과 본관을 어떤 특정한 시기에 획득했다는 점에 있다. 획득된 성과 본관을 대대로 바꾸지 않으면, 그것은 그들 가계의 고유한 것으로 고착된다. 노비에서 평민으로 성장한 많은 이들이 그러한 과정을 겪었다. 수봉의 후손들도 절대다수는 김해 김씨란 성관을 지속적으로 유지했다. 하지만 그 과정에서 친족이나 혈연 관념을 뚜렷하게 확립하지 못했던 일부는 본관 기재에 혼란을 범하기도 했다. 동성동본혼도 그러한 상황에서 이루어진 것이었다.

수봉가에서 동성동본혼이 발견된 사례는 현내면으로 이주한 김학의 손자, 손녀에게 있었던 일이다. 수봉가의 주 거주지였던 원산이나 새로운 정착지인 등광과 용흥이 아닌, 멀리 현내면으로 삶의 방편을 찾아 떠난 소수 인물에게서 주로 동성동본혼이 나타났던 것이다. 그들은 같은 마을에 모여 살던 수봉의 후손들과는 달리 친족 관념이 옅을 수밖에 없었다.

결국 이 두 가지 사실, 성과 본관을 획득한 지 오랜 세대가 지나지 않았다는 점과 친족 집단이 형성되어 있지 않았다는 점이 동성동본혼을 가능하게 한 것이다. 동성동본혼은 조선시대만이 아니라 비교적 근래까지 금지되었던 혼인 풍습이다. 같은 조상에서 갈라져 나왔다는 혈연 의식 때문에 동성동본혼은 규제를 받았다. 하지만 혈연관계를 확인할 수 있는 가까운 친척이 아니라면, 동성동본이라고 해서 서로의 조상이 같다는 것을 어떻게 확신할 수 있겠는가?

조선시대에 성과 본관을 사용한 지 오래지 않은 인물들은 동성동본의 제 삼자를 만났을 때 서로 간에 혈연으로 연결된다는 인식을 가질 수가 없었다. 수봉의 손자나 증손자는 오랫동안 김해 김씨를 자신의 성관으로 썼던 인물들에 비해 김해 김씨 구성원이라는 정체성이 약할 수밖에 없었다. 더구나 주변에 동성동본혼을 피하려는 관념을 가진 친척들이 모여 산다면 모를까, 김학의 자손처럼 멀리 현내면으로 외롭게 떠나간 이들은 더욱더 그럴 수밖에 없었다.

하지만 평민들도 부계친족 집단을 서서히 형성해 나가고 사회적으로 성장하면서, 양반들과 마찬가지로 동성동본혼을 기피하게 되었다. 국가에서 평민들의 동성동본혼을 처벌했다는 기록을 발견하기 어렵지만, 이를 사회적으로 기피하는 분위기가 비양반층으로 확산되면서 평민들도 동성동본혼에서 벗어나고 있었던 것이다. 수봉의 후손 역시 동성동본혼은 소수에게서만 발견되었다.

도산면에 이웃한 북동면의 한마을에 평민 동성촌락을 형성해 나갔던 진주 강씨들의 경우, 18세기에 들어서면서 동성동본혼에서 벗어났다. 뿐만 아니라 동성동본혼인 경우에는 배우자의 본관을 바꾸어 동성동본혼이 아닌 것처럼 보이도록 했다. 동성동본혼을 기피하는 분위기가 반영된 것이다. 수봉가보다 먼저 성관을 획득하고 한마을을 중심으로 친족 집단을 형성했던 평민들은 더 일찍, 그리고 더 적극적으로 동성동본혼에서 벗어나고 있었던 것이다. 같은 마을에 모여 살았던 수봉의 후손들 역시 그러한 분위기를 수용해 나갔다.

성씨가 다른 딸

1720년 수봉의 셋째 아들 호적에 대악이라는 비가 나타난다. 이때 그녀는 돈을 주고 노비에서 벗어난 뒤 법물야면에 있는 남편 박끝용(朴㐉龍)

의 집으로 떠나간다. 수봉의 셋째 아들이 자신의 노비에게 속가(贖價)양인이

되기 위해 바치는 돈를 받고 신분을 해방시켜준 것이다. 실제로 같은 해 법물야면

가술촌에는 박끝용이 등장한다. 하지만 대악의 남편은 끝용이 아니라 그

의 형인 박기룡이었다. 수봉가에서 호적을 신고할 때 기룡과 그의 동생 끝

용을 혼동한 것이다.

　　박기룡은 원래 노비였다가 1717년 평민으로 신분이 상승한 인물이었

다. 이때 동생 끝용은 여전히 노비로 남아 있었고, 그의 주인은 거창에 사

는 최해두란 사람이었다. 그런데 끝용의 부인인 사비 이월의 가계가 눈에

띤다. 1720년 박끝용의 호적을 보자.

　　사노 통영친병 박끝용 나이 37세 갑자생 본관 밀양 주인 거창 거주 최

해두

　　아버지 노 덕남 어머니 비 순옥 조부 덕금 증조부 연복 외조부 변해룡

본관 초계

　　부인 사비 이월 나이 37세 갑자생 주인 대구 거주 도우정

　　아버지 납속통정대부 수봉 어머니 비 이례 조부 어련 증조부 이동 외조

부 이금금 본관 영동

　　끝용은 노비이면서 통영친병의 군역을 지고 있었는데, 그의 부인 이월

은 바로 수봉의 딸이었다. 수봉에게는 아들 삼형제 외에 딸이 더 있었던 것

이다. 이월의 아버지인 수봉만이 아니라 조부, 증조부, 외조부까지 모두 홍

발의 형제와 같았다. 다시 말해 이월은 홍발 형제의 막내 여동생이었던 것

私奴統營親兵朴㐣龍年參拾柒甲子本密陽主居昌崔海斗

父奴德男母婢順玉祖德金曾祖連卜外祖卜海龍本草溪

妻私婢二月年參拾柒甲子主大丘都禹鼎

父納粟通政大夫守奉母婢二禮祖於連曾祖以東外祖李今金本永同

第五戶私奴統營親兵朴㐣龍年肆拾甲子本密陽主大丘都禹鼎父納粟通政大夫守奉母婢二禮祖於連曾祖以東外祖李今金本永同率奴汎仁年拾庚子自首

第四戶私奴保儒四迪班婢春祖...

이다. 그녀는 불행하게도 오빠들과는 달리 아직 노비 신분에 머물러 있었다.

수봉의 부인은 자목이었고 성주 군관 도시담의 노비였다. 이월이 어머니 이름을 이례라 쓴 것은 중간에 개명을 했거나 혹은 착오가 있었기 때문일 것이다. 그녀의 주인인 도우정은 아마도 도시담의 상속자로 보인다. 수봉은 심씨가의 노비 신분에서 벗어난 뒤 아들들을 도씨가의 노비 신분에서 해방시켜주었지만, 부인과 딸에게는 그런 혜택을 주지 못했던 것이다.

이월의 동서가 되는 대악은 1717년 이름을 일례로 바꾸었는데, 그녀는 바로 이월의 막내 오빠가 소유한 노비였다. 1720년 이월의 나이가 37세라는 점을 감안하면 그녀가 끝용과 결혼 생활을 하는 중에도 여러 해 동안 동서 대악은 오빠의 노비로 지냈다고 할 수 있다. 이월의 오빠 가계도 원래 노비 신분이었기도 했지만, 그녀가 아직 노비로 남아 있었기 때문에 이런 묘한 혼인 관계가 이루어졌다.

대악은 1720년 노비 신분에서 해방된 뒤 남편 박기룡의 호적에 양녀로 표시되었다. 뿐만 아니라 그녀는 이때 조소사로 기재되어 조씨를 성씨로 삼았다. 본관은 아직 정해지지 않았는데, 1729년부터는 본관이 함안이라 기재되어 함안 조씨가 그녀의 공식 성관이 되었다. 이처럼 형제간에도 부모의 관심 차이나 자신이 가진 재력의 정도에 따라 신분이 노비와 평민으로 나뉠 수 있었다. 동생 끝용은 노비였으나 형 기룡은 평민이었고, 끝용의 부인 이월은 노비였으나 그녀의 오빠들은 노비 신분에서 이미 해방되었던 것이다.

이제 끝용 역시 노비 신분에서 벗어나기 위해 갖은 노력을 기울여야 했다. 도망을 가지 않는 이상 합법적으로 신분 상승을 하려면 돈이 필요했다. 실제로 끝용은 상당한 재력을 축적한 것으로 보인다. 1750년에는 4명의 노비까지 거느리고 있었기 때문이다. 이 과정에서 그와 부인 이월은 결국 노비 신분에서 벗어나 평민으로 상승했다.

어영보 박끝용 나이 46세 갑자생 본관 밀양

아버지 납통정 덕남 조부 정병 덕금 증조부 정병 연복 외조부 정병 변해용

부인 김소사 나이 46세 갑자생 본관 김해

아버지 납통정 김수봉 조부 정병 어련 증조부 정병 이동 외조부 정병 이

금금 본관 영동

御營保 朴乭龍 年 肆拾陸 甲子 本 密陽

父 納通政 德男 祖 正兵 德金 曾祖 連卜 外祖 正兵 卞海用

妻 金召史 年 肆拾陸 甲子 本 金海

父 納通政 金守奉 祖 正兵 於連 曾祖 正兵 二同 外祖 正兵 李今金

本 永同

1729년 박끝용이 노비에서 어영청 보인이라는 평민 군역자로 상승하면서 부인 이월은 김소사가 되었다. 이때 처음으로 김이란 성과 김해라는 본관을 사용한 그녀는, 아버지의 이름을 성까지 넣어 기재하고 사비였던 어머니는 빼버렸다. 자신이 노비가 아닌 이상 출생의 연원을 따지기 위해 기재했던 어머니의 신분과 이름이 더 이상 필요 없었기 때문이다. 이때 노비였던 조부나 증조부도 오빠들의 호적에서와 마찬가지로 모두 평민 정병으로 윤색되었다.

노비까지 거느리게 된 박끝용은 1735년 곡식을 바치고 장인 수봉과 마찬가지로 납속통정대부가 되어 군역에서도 벗어났다. 김소사와의 사이에서 아들 없이 딸만 두었지만 비교적 성공적이고 윤택한 삶을 누렸던 것이다. 그런데 1759년부터 부인에 대한 기록에서 이상한 점이 발견된다.

절충장군 박끝용 나이 78세 임술생 본관 밀양
아버지 통정대부 덕남 조부 정병 덕금 증조부 정병 연복 외조부 정병 변해룡 본관 밀양
부인 정소사 나이 53세 정해생
아버지 통정대부 수봉 조부 어련 증조부 이동 외조부 이금금 본관 영동

박끝용은 나이가 조금 올라갔지만 자신이나 가계에 특별한 변동은 없었다. 그런데 부인은 나이가 실제보다 무려 스물세 살이나 줄어들었을 뿐만 아니라 정소사, 즉 성이 정씨로 바뀌었다. 하지만 부인은 분명 김수봉의 딸임이 틀림없었다. 도대체 어떻게 된 일인지 알 수가 없다. 호적에는 수많은 사람의 인명이 등장하므로 호적 작성에 실수가 있었을 수도 있다. 당시 두 사람 사이에는 시집간 딸 외에 한 명의 딸이 더 있었다. 아들이 없는 상황에서 연로한 부모의 호구 내용을 신고할 때 딸이 실수를 했을 수도 있다. 그렇지만 나이가 크게 줄고 성씨까지 바뀐 점은 이해하기 어렵다. 수봉을 제외하면 나머지 조상의 직역도 빠져 있다.

申孫女孟德年伍拾乙亥孫女阿只年貳拾肆辛卯命年捌歲位乙丑母求八眞父不知已卯有舌

折衝將軍朴丞龍年柒拾捌壬戌本密陽
父通政大夫德男祖正兵德金曾祖正兵連卜外祖正兵卜海龍本密陽
妻鄭召史年伍拾參丁亥
父通政大夫守奉祖於連曾祖二同外祖李今金本永同

3년이 흘러 새 호적을 만들 때 박끝용은 81세, 부인은 56세로 세 살씩 정상적으로 올라갔다. 이는 다시 말해 3년 전 부인의 나이가 실수로 그렇게 줄어든 것이 아님을 말해준다. 당시에 실수가 있었으면 새 호적에는 나이를 제대로 기재했을 것이기 때문이다. 더구나 이때 부인은 김소사로 다시 정정되지 않고 정소사로 남아 있었으며 본관도 진주로 바뀌었다. 김해 김씨 김소사가 아닌 진주 정씨 정소사로 다시 태어난 것이다.

김소사가 호적에 마지막으로 나타난 것은 1750년 67세 때였다. 그 뒤 6년간의 호적은 남아 있지 않고 1759년에 끝용의 부인이 정소사로 바뀌었다. 그렇다면 현실적으로는 1750~1759년 사이에 김소사가 사망하고 정소사가 끝용의 새 부인이 되었을 가능성이 높다. 생존해 있던 김소사가 나이를 대폭 줄이고 성관을 바꿀 이유가 없었기 때문이다. 김소사가 정소사로 자신을 숨긴 것이 아니라 두 사람은 전혀 다른 인물일 수 있는 것이다.

만약 두 사람이 다른 인물이라면 몇 가지 추론이 가능하다. 우선 실제로 김소사와 정소사가 자매 사이이고, 자매가 차례로 끝용의 부인이 되었을 수도 있다. 정소사가 수봉의 딸이라면 그가 60세 가까이 되어 얻은 막내딸이어야 한다. 정소사가 오래전부터 끝용과 관계가 있었는지, 아니면 그녀 역시 남편 사후 홀로 살다 끝용과 재혼한 것인지는 알 수가 없다. 이때 두 번째 부인을 굳이 진주 정씨 정소사로 바꾼 것은 언니인 첫 부인과의 관계를 숨기려는 의도로 생각해볼 수 있다.

그다음으로 아들이 없었던 끝용이 부인 외에 첩을 두었을 가능성이 있다. 부인 사후 그는 첩이었던 여성을 처로 대우하고, 전 부인의 가계를 그녀에게 끌어다 붙였을 수 있다. 혹은 가계가 명확하지 않은 여성과 재혼을 하면서 그녀에게 전 부인의 가계를 끌어다 붙였을 수 있다. 이때 전 부인과 구분하기 위해 성씨와 본관만 바꾸었다고 추론해볼 수 있는 것이다.

이는 추론에 불과하지만, 중요한 것은 호적에서는 김수봉의 딸이 정소사가 될 수 있다는 점이다. 호적을 통해 새로운 가계가 탄생하는 것이다. 박끝용의 딸을 추적하면 이를 명확히 할 수 있다. 1783년 현내면 성내촌에 살았던 박종이의 처는 끝용의 딸이었다. 박종이는 밀양 박씨였고 끝용도 같은 밀양 박씨였으므로 두 사람의 혼인은 동성동본혼이 된다. 그래서 박종이의 처는 본관을 순천으로 바꾸어 동성동본혼의 흔적을 지워버렸다.

이때 박종이 처의 외조부는 김수봉이 아닌 정수봉으로 기재되었다. 그녀의 어머니가 김해 김씨에서 진주 정씨로 바뀌었으므로 외조부도 정수봉이 된 것이다. 다시 말해 수봉이라는 동일 인물이 한 가계에서는 김수봉으로, 또 다른 가계에서는 정수봉으로 기재되었다. 수봉이 김해 김씨가 되면서 새로운 가계가 탄생했지만, 그가 다시 정수봉이 되면서 또 다른 가계가 탄생했다고 할 수 있다.

이처럼 성과 본관은 획득되기도 하고 새로운 변용을 거치기도 했다. 물론 그것은 김수봉의 가계 전체에서 보자면 일부에서 나타나는 현상이었다. 하나의 획득된 성과 본관이 세대를 거듭하며 안정적으로 고정되는 과정에서 자손들의 일부에 의해 그것이 변용될 수 있었다. 하지만 수봉의 나머지 자손들은 그들의 성관을 상당 기간 유지하며 김해 김씨라는 정체성을 만들어 나갔다.

수봉가의 배우자들

수봉의 자손들은 다양한 성씨와 결혼을 했다. 그들 가운데 이 지역의 양반가 자손들은 보이지 않았다. 수봉의 자손이 양반가와 결혼을 한다는 것은 당시 사회에서는 생각하기 어려운 일이었다. 신분의 장벽을 뛰어넘는 아름다운 사랑 이야기는 〈춘향전〉 같은 소설에서나 등장할 법한 소재였다. 혹 노비나 평민 남성이 양반가의 여성과 야반도주를 했다고 하더라도, 그것은 해당 집안의 기록에 남을 수 있는 일이 아니었다.

수봉의 손자 일창은 안동 권씨인 여성과 결혼을 했다. 안동 권씨는 이 지역의 대표적인 양반가였다. 혹 그녀의 가계가 이 지역 안동 권씨와 연결되는지 확인하기 위해 호적을 살펴보았지만 전혀 관련이 없었다. 양반에게 있어서 통혼이란 자신들의 특권을 유지하거나 확대하기 위한 방편이었으므로 다른 신분의 인물에게 그 문호를 열 리가 없었다. 아직 평민에 머물렀던 수봉의 후손들에게 결혼은 가계를 유지하고 노동력을 확보하기 위한 방편이었지 가문의 격을 높이기 위한 과정은 아니었다.

양반들은 특정 지역에 정착해 세대를 거듭할수록 특정한 성씨와의 결혼 빈도가 높았다. 같은 양반들 사이의 결혼에서도 서로 선호하는 성씨 집단이 있었던 것이다. 평민들도 한마을에 모여 살면서 친족 집단을 형성하는 경우가 많아질수록 선호하는 배우자 성씨가 생겨날 수 있었다. 그럼에도 불구하고 중요한 것은 주변에 평민으로서 어떤 성씨의 구성원 수가 많았는가 하는 점이었다.

도산면과 가까운 북동면과 법물야면의 한 촌락에서 집단으로 거주했던 진주 강씨와 달성 서씨의 배우자 성씨를 살펴보니, 모두 김해 김씨가 가장 많았다. 이들이 김해 김씨를 배우자로 선호한 데는 이유가 있었다. 단성 호적 전체에 등장하는 주호 수는 반복해서 등장하는 인물을 제외하지 않고 단순하게 합산하면 5만 명가량 된다. 이 가운데 약 10%가 김해 김씨이다. 이 지역 주호 전체의 성과 본관 조합은 약 1,100개가량 된다. 그 가운데 하나인 김해 김씨가 주호의 1/10을 차지했던 것이다.

가장 많은 인구를 가졌던 김해 김씨의 상당수는 평민들이었다. 평민층 가운데 김해 김씨의 비중이 가장 높았던 이상, 다른 성씨들이 배우자를 고를 때 김해 김씨를 선택할 확률이 상대적으로 높았다. 그런데 수봉가는 그들 자신이 김해 김씨였다. 또한 당시에는 동성동본혼을 기피하는 경향이 평민들에게로 확산되고 있었다. 따라서 수봉의 후손들에게는 규모가 가장 큰 통혼 가능 성씨 집단이 원천적으로 배제될 수밖에 없었다.

결국 수봉의 후손들은 동성동본혼을 한 일부를 제외하고는 김해 김씨가 아닌 다양한 성관의 인물을 배우자로 맞아들였다. 그 가운데는 앞서 소개한 진주 강씨와 달성 서씨도 있었다. 배우자의 수가 압도적으로 많았던 특정 성씨는 없었지만, 가장 많은 수를 차지한 것은 웅천 주씨였다. 수봉의 후손들 가운데 웅천 주씨와 연줄혼을 맺은 경우가 있었다. 연줄혼이란 한 여성이 시집을 온 뒤 이를 계기로 그녀의 친정 친척이 남편 친척과 또다시 혼인을 하는 것을 말한다.

연줄혼은 양반이나 평민이나 할 것 없이 나타날 수 있는 결혼의 한 형태였다. 수봉가에서는 김홍발의 아들 일달이 웅천 주씨와 결혼을 했다. 이후 일달에게 처제가 되는 주소사의 동생이 일달의 사촌 동생 해주와 결혼을 하게 되었다. 수봉의 손자들이 웅천 주씨와 잇달아 결혼을 한 것이다. 연줄혼은 이러한 방식으로 이루어진다. 따라서 연줄혼도 특정 성씨의 배우자가 늘어나는 계기가 되었다.

평민들은 대부분 주변의 평민층에서 배우자를 선택하기 때문에 통혼권이 넓을 수는 없었다. 양반들도 사회적 위세가 높았을 때는 통혼 지역이 멀리까지 퍼졌지만, 중앙과의 관계가 차단되고 향권 장악에 여념이 없었던 당시 지방 양반들의 통혼권은 주로 그들 주변의 군현으로 한정되었다. 그러한 흐름은 비교적 근래까지 이어졌다.

영남의 명문가로 알려진 안동 하회 마을의 풍산 유씨의 1964년도 결혼 실태 조사 결과를 보면, 같은 면내에서의 결혼이 7%, 같은 군내에서의 결혼이 28%, 같은 도내 다른 시군 지역 출신과의 결혼이 67%를 차지했다. 시대를 거슬러 올라가 조선 후기 단성현 신등면 안동 권씨의 경우에 같은 면내혼이 7%, 같은 군내혼이 27%로 1960년대 풍산 유씨와 큰 차이가 없었다.

조선 후기 지방 양반들은 같은 도내 다른 군현에 거주했던 인물을 배우자로 맞아들이는 비율이 가장 높았고, 다음으로는 같은 군현 내의 양반가와 혼인을 맺었다. 반면 평민층인 북동면 진주 강씨의 배우자들은 같은 마을 출신의 비중이 높았고 이를 포함한 같은 면 출신의 비중도 매우 높았다. 단성현은 8개 면으로 구성되어 있었는데 북동면 진주 강씨의 면내혼 비중은 37%나 되었다. 그들은 같은 면이 아니더라도 거리상 멀지 않은 곳에서 주로 배우자를 맞아들였다.

수봉의 후손들 역시 마찬가지였다. 수봉의 후손들이 호적에 모두 등장하지는 않고, 배우자들의 출신 지역도 파악하기가 쉽지 않다. 파악이 가능한 사람들로 한정했을 경우 같은 면내혼은 물론이고, 같은 마을 내의 혼인도 진주 강씨보다 비중이 더 높았다. 호적에 나타나는 수봉의 후손들은 그수나 사회적인 영향력이 평민에서 출발해 일찍 집거하기 시작한 진주 강씨보다 적었기 때문이다. 결혼 대상자의 지역적 범위는 그들의 사회적 영향력과 맞물려 있기 마련인데, 그런 면에서 수봉 후손들의 통혼 범위는 가까운 곳으로 한정될 수밖에 없었다.

재혼 풍경

수봉의 후손들은 이름뿐만 아니라 나이도 바뀌는 경우가 많았다. 그것은 그들의 배우자들도 마찬가지였다. 그래서 부부 사이의 연령 차이를 정확하게 따져보기가 매우 어렵다. 호적에서 부부로 등장하는 가장 이른 시기를 기준으로 할 때, 부부간 연령 차이는 남편이 두 살 많은 경우가 가장 많았다. 그다음으로는 동갑이 뒤를 이었다. 전체적으로는 양반층과 마찬가지로, 남편이 많거나 부인이 많거나 할 것 없이 세 살 차이 이내에 집중되어 있었다.

조선시대에는 신분과 상관없이 세 살 차이 이내의 범위에서 결혼하는 것이 가장 흔했던 풍경이었다. 아내가 나이가 많은 결혼 유형이 오늘날에와서 화제가 되기도 하지만, 당시에는 양반이나 평민에게 모두 생소하지않았다. 다만 부인이 나이가 더 많다고 해서 집안 내에서 남편의 권위나 지위를 넘어설 수 있는 것은 아니었다. 남편 연상이 전체적으로는 더 많지만,

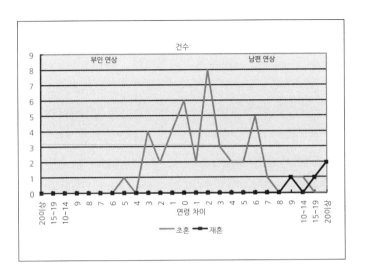

수봉가의 부부간 연령 차이

양반들과 달리 평민 부부의 연령 차이는 폭이 그렇게 넓지 않았다.

　재혼이 그렇게 많지는 않지만, 그 경우에 연령 차이는 의외로 상당히 큰 편이다. 수봉의 둘째 아들 김홍발의 부인은 원래 여섯 살 연하의 변소사였다. 그녀는 홍발이 63세가 되었던 1729년 직전에 사망했다. 홍발은 이 무렵 진주 강씨인 여성과 재혼을 했다. 1729년 호적을 보면 재혼한 부인 강소사는 37세였다. 그녀는 나이 35세가 넘어 홍발의 두 번째 부인이 된 것이다. 이때 그녀가 초혼이었는지 재혼이었는지는 확인하기 어렵다. 양반 여성과는 달리 평민 여성의 재혼은 원천적으로 봉쇄되어 있지는 않았다.

　설령 그녀 역시 재혼이라 하더라도 홍발과 나이 차이가 무려 스물여덟 살이나 난다. 홍발의 조건이 좋았거나 그녀가 가진 조건이 아주 나쁘지 않았던 이상 쉽게 이루어질 수 있는 혼인은 아니다. 그녀는 원래 홍발의 이웃에 살고 있어서, 홍발에게 이미 분가한 아들 내외를 제외하고도 3명의 아들이 더 있다는 사실을 잘 알고 있었다. 그럼에도 불구하고 결혼을 결심한 것으로 보아, 홍발의 살림이 넉넉했거나 그녀의 친정이 매우 곤궁했던 것으로 보인다. 결혼한 지 20년이 지나서 원래 노비 출신으로 이웃에 있었던 자신의 늙은 계모를 그녀가 데려와 모신 것으로 보아, 홍발의 집은 나름 여유가 있었던 것으로 짐작된다.

김해발의 경우에는 첫째 부인인 최소사가 죽은 뒤에 열아홉 살이나 어린 윤소사를 부인으로 맞아들였다. 그들의 결혼은 해발의 나이 54~60세 사이, 윤소사의 나이 35~41세 사이에 이루어졌다. 재혼 당시 해발에게는 결혼한 아들 부부와 최소 3명의 딸이 있었다. 이런 배경으로 보아 윤소사가 두 번째 결혼이 아니라면, 그녀 역시 어려운 가정 형편 또는 다른 이유 때문에 늦게까지 혼인하지 못하고 있다가 해발의 두 번째 부인이 되었을 가능성이 높다.

나이 차이가 비교적 크지 않은 재혼으로는 37세에 부인이 죽자 곧바로 아홉 살 어린 28세의 여성과 재혼한 김중보가 있다. 이 경우도 중보의 두 번째 부인이 초혼녀인지 재혼녀인지 호적으로는 판단하기가 어렵다. 초혼이라고 할지라도 일반적인 결혼 연령보다는 나이가 많다. 앞서 소개한 두 재혼 사례도 여성의 연령이 모두 35세가 넘었다. 첫 남편과 이별한 후 재혼을 한 것으로 의심해볼 만한 대목이다.

하지만 재혼이라면 첫 남편과의 사이에서 태어난 아이들이 있었을 것이다. 이 아이들은 재혼한 남편의 호적에 의자(義子), 즉 의붓아들로 기재되었다. 원당면 문법에 살았던 박진덕과 부인 서소사의 사례를 들어보자. 1783년 진덕이 사망하면서 과부가 된 서소사는 아들 상득과 남게 되었다. 그녀는 혼자 살기가 어려워 아들을 데리고 스무 살 이상 차이가 나는 같은 마을 김석천의 후처로 들어갔다. 이때 김석천은 자신의 호적에 후처의 아들을 의자 박상득으로 표시했다. 자신의 친아들이 아니므로 성씨까지 별도로 기재했던 것이다.

수봉가에서 재혼한 후손에게는 이런 의붓아들이 없었다. 호적에서 누락되었을 수도 있고, 배우자가 재혼녀가 아니었기 때문일 수도 있다. 재혼녀가 아니라면 앞서 말했듯이 가정 형편이 영향을 주었을 것이다. 어쨌든 평민들은 양반들보다는 재혼이 비교적 자유로웠다. 여성들도 재혼을 할수가 있었지만, 시간이 흐르면서 그 통로는 조금씩 차단되었다. 양반에게만 강요되었던 정절 이데올로기가 평민층으로까지 서서히 확산되었기 때문이다.

4. 중간층으로의 이동

군역이라는 굴레

평민이 된 수봉의 후손들은 노비라는 신분적 예속에서는 벗어났으나, 다양한 형식의 부세를 지방 관청이나 중앙정부에 납부하고 있었다. 호적을 통해 확인할 수 있는 대표적인 부담은 16~60세의 평민 남성에게 부과된 군역이었다. 개개인이 부담하는 신역(身役)의 일종인 군역은 원래 천민을 제외한 모든 성인 남성이 그 대상에 포함되었다. 하지만 양반의 자제들은 점차 가벼운 군역을 지다가 그것마저 회피해 나갔다. 따라서 조선 후기가 되면서 군역은 으레 평민이 지는 것으로 고착되었다.

군역을 부담하는 방식으로 평민들은 군사시설에서 직접 복무하기도 했으나, 다수는 군포(軍布)군역 복무를 면제해주는 대신으로 받던 베를 납부하는 것으로 대신했다. 수봉의 후손들은 주로 중앙 군영인 어영청과 금위영에 소속된 이들이 많았다. 이외에도 마군이나 수군, 봉수군 등에 속하거나 혹은 지방 병영에 소속되어 군역의 의무를 행했다. 때로는 수철장 김해주와 같이 직접적인 군역은 아니더라도 다양한 형태의 역을 지기도 했다.

양반에게 예속되어 노동력을 제공했던 노비가 아니라 당당하게 국가가 부과한 군역을 행하는 평민이라서 그들은 행복했을까? 꼭 그렇지만은 않았던 것 같다. 노비라는 속박에서 벗어난 것은 분명 그들에게 행운이었다. 하지만 평민 신분을 얻고서 지불해야 했던 군역이라는 비용은 그렇게 간단하지 않았다. 더구나 조선 전기와는 달리 양반층은 다 빠져나가버린 불공평한 제도였다.

양인 전체가 군역을 졌던 조선 전기의 양인들에게는 과거에 응시할 수 있는 기회가 주어졌다. 물론 그때도 가난한 농민이 과거에 합격한다는 것은 제도와는 달리 현실적으로는 어려운 일이었다. 하지만 평민만이 군역을 져야 했던 조선 후기라고 해서 이들에게 과거 응시의 기회가 확대된 것은 더더욱 아니었다. 군역을 부담한 반대급부의 하나였던 과거는 이제 군역을 지지 않는 양반들의 전유물이 되었다. 그것도 당쟁이 격화되는 과정에서 특정 당파와 지역의 양반에게만 유리한 방식으로 흘러가고 있었다.

수봉의 후손 중에는 비교적 살림살이가 넉넉한 이도 있었으나, 아직은 학문을 연마해 과거에 도전할 수 있는 분위기가 아니었다. 설령 과거에 응시한다고 하더라도 조상의 직역을 유학이나 관직명이 아닌 군역명으로 기재할 수밖에 없었던 수봉의 후손들이 합격할 가능성은 거의 없었다. 이제 군역은 오로지 의무로만 남게 되었던 것이다. 사실상 과거에 응시할 기회가 없었다고 하더라도, 양반들과 동일하게 군역을 부담했다면 상대적 박탈감은 덜했을지도 모른다. 군역을 지는 일이 노비가 아니라는 의식보다 양반이 아니라는 자괴감으로 다가올 때, 그것은 또 다른 장애물이자 극복의 대상이 되었다.

양반층이 빠져나가버린 것도 억울했지만, 실질적인 군역 부담 자체가 만만치 않았다. 군사시설에서 직접 복무할 경우 생계에 큰 타격을 받았지만, 군포로 대신하더라도 그 부담이 적지 않았다. 1720년 김홍발은 어영군으로, 두 아들은 각각 역보와 봉수보로 한 호에 3명의 군역자가 있었다. 같은 해 홍발의 형 김학은 금위보였고, 그의 아들들 가운데 2명은 어영보, 나머지 1명은 금위보로 무려 4명이나 군역을 졌다.

1720년은 균역법이 시행되기 이전이므로 1인당 군포 부담이 2필 이상인 경우가 많았다. 이들이 만일 군역으로 2필의 군포를 냈다고 가정하면 김홍발의 호에는 6필, 김학의 호에는 8필이 부과되는 셈이다. 군포 1필은 5승포 35척을 기준으로 하는데, 오늘날의 단위로 환산하면 폭은 약 32센티미터, 길이는 약 16미터가 넘는다. 18세기 중엽 5승포 1필의 공식 가격은 돈으로 2냥이었고 쌀로는 6말이었다. 물론 실제 시장가격은 이보다 평균적으로 높았다.

이렇게 값비싼 군포를 가내노동력을 이용해 1~2필도 아닌 6~8필을 짠다는 것은 보통 힘든 일이 아니었다. 물론 1735년의 김해주나 김해발처럼 주호가 30대이고 아들이 어린 경우에는 주호 자신만 군역을 져서 부담이 상대적으로 가벼울 수 있었다. 하지만 언젠가는 그의 아들들이 장성해서 군역을 지기 마련이었다. 아들들이 결혼해 독립된 호를 구성해야만 호당 군역자 수가 줄어들 수 있었던 것이다.

그런데 그런 기대와는 달리 나이 16세가 되기 이전부터 군역자로 선정되는 일이 종종 있었다. 1720년 김홍발의 세 형제 집에는 16세가 안 된 군역자가 집집마다 1명씩 있었다. 그 가운데 2명은 10세도 되지 않은 나이였다. 이는 사실상 규정을 어긴 과다한 군역 징발인 셈이다. 이러한 과도한 군역 부과는 1729년, 1732년, 1735년에도 계속되었다. 수봉의 후손들은 다른 평민들과 마찬가지로 나이를 속여 전체 군역 기간을 줄이고 있었지만, 군영들 역시 군역자 수를 채우기 위해 나이가 차지 않은 이들에게까지 군역을 부과하고 있었던 것이다.

　군역 부담이 이렇게 과중해진 것은 각 군영이 필요한 만큼의 군역자를 확보하기가 쉽지 않아서였다. 노비 가운데 일부는 속오군(束伍軍)조선 후기에 양인과 천민으로 편성한 지방 군대에 편성되어 군역을 지고 있었지만, 그들은 원래 군역 대상자가 아니었다. 원래 군역 대상자였던 양반들이 빠져나가고, 평민들도 다양한 방식으로 군역에서 벗어나려 했다. 더구나 군역은 국가 방어를 위한 군사력으로서의 의미보다는 군영의 재정 운영 수단으로 변질되어 있었다. 따라서 독자적인 재정 운영 권한을 가졌던 각 군영은 가급적 많은 군역자를 확보하고자 했다. 군영의 욕구와 평민들의 욕구가 부딪치면서, 호적에 등재되어 실제 군역자로 뽑힐 수밖에 없었던 이들의 부담이 과중해졌던 것이다.

군역을 회피하는 사람들

　군역 운영은 공평하지도 체계적이지도 않았다. 군역 부과 대상이 평민에게 한정되었다는 점에서 불공평한 제도였지만, 중앙 군영이나 지방 병영, 지방 관청이 독자적으로 군역자를 확보하는 과정에서 체계적으로 운영되지도 않았다. 한 사람이 이중으로 역을 지는 첩역(疊役)이 나타나기도 했고, 16세가 안 된 어린아이나 60세가 넘은 노인, 심지어는 죽은 이들이 군역자로 선정되기도 했다. 군역 문제는 그리하여 18세기 조선 사회의 최대 현안으로 떠올랐다.

불공평하면서도 과도한 군역 부담에 사람들은 저항하기 마련이었다. 그들은 수단과 방법을 가리지 않고 군역에서 빠져나가려 했고, 그것이 어려우면 상대적으로 가벼운 역을 맡으려 했다. 이마저도 어려운 데다 부담 능력이 없었던 이들은 자신이 살던 곳을 떠날 수밖에 없었다. 이런 움직임은 어쩔 수 없이 군역을 져야 하는 사람들의 부담을 더욱 무겁게 만드는 악순환을 가져왔다.

수봉의 후손들은 대부분 군역을 졌지만, 일부는 그 대열에서의 이탈을 시도했다. 수봉의 두 아들 학과 홍발은 1729년에 나이가 60세가 넘어 군역에서 합법적으로 면제되었다. 당시 그들의 직역은 노제어영군과 노제금위보였다. 이는 말 그대로 늙어 어영군과 금위보에서 면제되었다는 의미이다. 하지만 수봉의 막내아들은 돈을 들여 군역에서 벗어나는 방법을 취했다. 그는 55세 무렵 아버지 수봉과 마찬가지로 곡식을 바치고 납속절충장군의 직역을 얻어 60세가 되기 전에 군역에서 빠져나갈 수 있었다.

사실 군역에서 벗어나려는 그의 노력은 이보다 일찍 시작되었다. 1717년 그가 벽계역의 역보라는 역을 맡고 있을 때 자신의 한 아들을 도천서원의 원생으로 입속시켰다. 향교의 교생이나 서원의 원생은 양반가의 서자들이 주로 맡았던 직역이었으나, 군역을 피하려는 평민층의 자제들도 이러한 직역을 얻기를 원했다. 당시 그의 두 아들 가운데 겨우 6세인 큰아들은 이미 봉수군이라는 군역을 떠안고 있었고, 한 살 아래인 동생도 군역에서 자유로울 수가 없었다.

그때 그는 자신과 두 아들 가운데 한 사람이라도 군역에서 벗어나게 해야 한다고 생각했던 것 같다. 그래야만 자신의 집에 부과된 전체 군역 부담을 조금이나마 줄일 수 있었기 때문이다. 그는 2명의 노비까지 소유해 비교적 살림이 넉넉했으므로, 이를 이용해 둘째 아들을 서원의 원생으로 편입시킬 수 있었다. 이후 둘째는 원생과 업무 등의 직역을 맡으면서 군역을 지지 않았다. 뒤이어 수봉 역시 납속직을 얻어 군역에서 벗어났음은 앞서 말한 바와 같다.

비록 일부이기는 하지만 수봉의 후손들 역시 군역에서 빠져나가기 위한 다양한 방안을 모색하고 있었던 것이다. 이와 같은 군역의 과중한 부담과 회피라는 반복되는 현상을 타개하기 위해 조정에서도 대책을 강구해야만 했다. 관료들은 군역에 대한 근본적인 개혁과 시급한 현안만을 개선하는 두 갈래의 대책을 두고 고민에 빠졌다. 어떤 방안이든 군역 제도 자체를 손보는 것임이 틀림없지만, 전자는 공평 과세를 통한 군역자의 안정적인 확보에, 후자는 감세를 통한 불만의 완화에 초점이 맞추어져 있었다.

공평 과세를 통한 근본적인 군역 개혁안으로 나온 다양한 방안 가운데 하나가 호포법(戶布法)이었다. 호포는 군포를 양반, 평민 가릴 것 없이 모든 호에 부과하자는 것이었다. 군역 부담에서 제외되었던 양반 호에도 군포를 부과해 군역 운영의 안정을 꾀하려는 이 제안은 여러 사람의 입을 통해 장기간 논의되었다.

우참찬 윤휴가 차자를 올려 말하기를 "호포의 일을 가지고 말할 것 같으면, 백골이나 아약의 살가죽을 벗겨내고 골수를 부수는 가혹한 정치에 얼굴을 찡그리고 가슴을 치는 근심과 괴로움과, 놀고먹는 선비나 운 좋은 백성처럼 부역을 피하고 스스로 편하게 지내는 자의 원망, 이 두 가지 중에 어느 것이 더 크겠습니까? 신은 잘 모르겠습니다만, 민심의 향배와 천명의 거취가 장차 백성들의 편안하고 편안하지 아니함에 달려 있는 것이 아니라 바로 운 좋은 백성이나 힘 있는 이들의 편안하고 불편함에 달려 있다는 것입니까?"

— 『숙종실록 3년 12월 19일』

대사헌 이단하가 상소했는데, 대략 이르기를 "성왕이 천하와 국가를 다스림에 있어서 반드시 그 사정이 가지런하지 못한 것으로 인하여 귀한 자는 귀하에 여기고 천한 자는 천하게 여기며 후한 자는 후하게 여기고 박한 자는 박하게 여겼습니다. 그런데 호포의 경우 귀천을 논함이 없이 모두 포를 내게 되니, 만약 선비들로 말한다면 평생 동안 고생하며 부지런히 독서만 하는 자가 한 글자도 읽지 않는 자와 같이 그 포를 낸다면 또한 억울하지 않겠습니까?"

— 『숙종실록 7년 4월 3일』

숙종 대 윤휴 같은 이는 아약(어린아이)이나 물고(죽은 이)된 이들에게까지 부과되고 있었던 군포 운영의 폐단을 막는 방안으로 호포법의 실시를 강력하게 주장했다. 이 방안은 양반층에 대한 과세를 포함하는 것이었으므로 일견 획기적인 주장처럼 보인다. 하지만 이미 조선 전기에 천민과 노비를 제외한 모든 계층이 군역을 부담한 전례가 있었다. 그럼에도 불구하고 호포법은 오랜 논의만 거쳤을 뿐 실제 실행되기에는 어려움이 있었다.

기존의 제도가 잘못된 방향으로 흘러가는 초기에 그것을 바로잡지 않으면 고착되는 과정을 거치게 된다. 이후에는 이를 바로잡으려 해도 쉽지가 않은 법이다. 더구나 그렇게 만들어진 새로운 관행은 조선 사회 최고의 신분층인 양반들에게 특혜를 주는 것이었다. 하층민이 아닌 기득권층인 양반들에게 주어진 특혜를 되돌리기란 매우 힘든 일이다. 많은 관료들은 양반 사족들이 어떻게 무지한 백성들과 똑같이 군포를 낼 수 있느냐며 거세게 저항했다.

결국 호포법은 논의만 무성한 채 실현되지 못했다. 대신 조선 왕조가 마련한 방안이 균역법(均役法)이었다. 균역법은 양반들을 새로운 군포 부과 대상자로 끌어들이지 않는 대신, 기존 16개월에 2필이었던 군포 부담을 12개월에 1필로 줄이는 것을 주요 내용으로 했다. 군포 부담을 줄여 평민 군역자들의 불만을 누그러뜨리려는 것이었다. 균역법은 공평 과세, 양반 과세를 포기한 일종의 감세책이었다.

하지만 경제력이 있는 양반들에 대한 과세가 이루어지지 못한 채 감세가 이루어지자 정부나 군영의 재정 운영은 더 어려워지게 되었다. 이 때문에 또 다른 잡세들이 신설될 수밖에 없었고, 결국 균역법의 효과는 감소했다. 잠시 안정을 찾는 듯했던 군역 문제는 또다시 모순에 휩싸이게 되었고, 이 문제는 19세기까지 이어져 농민 항쟁의 주요 배경으로 작용했다. 평민들은 줄어든 군포 부담을 기꺼이 받아들이기보다는 군역에서 벗어나기 위한 방안을 찾느라 다시 골몰할 수밖에 없었다. 그 점에서는 수봉의 후손들 역시 마찬가지였다.

중간층으로 올라가다

노비에서 해방된 수봉의 아들들은 과도한 군역 부담에 시달렸다. 수봉의 막내아들은 그런 부담에서 벗어나기 위해 곡식을 바치고 절충장군이라는 직역을 얻었고, 그의 아들 가운데 1명을 서원의 원생으로 입속시켰다. 이를 통해 수봉가 후손의 일부는 군역 부담에서 자유로워졌고, 한 호에 부과되는 군역 총액을 줄일 수도 있었다. 하지만 군역의 폐단이 근본적으로 개혁되지 못한 상황에서 이들은 언제든지 다시 과중한 부담에 노출될 수 있었다.

균역법의 실시로 부담이 다소 완화되기는 했지만, 평민인 이상 수봉의 후손들은 평생 군역자로 살 수밖에 없었다. 수봉과 그의 막내아들처럼 곡식을 바치고 통정대부나 절충장군이 되어서는 본인들만 혜택을 누리게 된다. 이제 그들은 좀 더 안정적이고 장기적으로 군역에서 벗어날 수 있는 길을 모색해야 했다. 그들은 자신은 물론이고 아들과 손자 대대로 군역에서 면제될 수 있는 방법을 찾아 나갔다.

가장 확실한 길은 양반들의 직역인 유학(幼學)을 자신의 직역으로 확보하는 것이었다. 하지만 본래 노비였던 수봉의 가계가 평민 군역자에서 유학으로 급상승하기란 쉽지 않았다. 보다 현실적인 방안은 양반도 평민도 아닌 중간층에게 주어졌던 직역, 즉 업무(業武)나 업유(業儒)를 얻어 군역자의 신분에서 벗어나는 것이었다. 이러한 움직임은 18세기 후반 수봉의 손자와 증손자 대에 가서 본격적으로 일어났다.

수봉 후손의 직역 변화 추이

관계	1717	1729	1732	1750	1759	1762	1780	1789
김수봉								
아들1	금위보	노제 어영군						
아들2	어영보	노제 금위보		가선대부				
아들3	역보	포보	납속절충	납속절충				
손자1		어영보	어영보	봉수군	업무	업무	서사낭청	
손자2	역보	어영군		어영군	전력부위	어영군		
손자3	원생	원생	원생	지곡관	업무	업무		
증손자1				마군		업무	서사낭청	서사낭청
증손자2				수군	업무	업무		
증손자3					어영보	업유	유학	업무

[ ] 중간층의 직역   [ ] 상층의 직역

호적에 나타나는 수봉의 손자 11명 가운데 4명이 1759년 군역자에서 중간층의 직역으로 상승했다. 증손자는 12명이 확인되는데, 그중 8명이 18세기 후반의 여러 시기에 걸쳐 중간층으로 올라갔다. 손자보다 증손자 대에 직역 상승자의 비율이 훨씬 높아졌던 것이다. 이는 수봉의 후손들이 세대를 거듭할수록 중간층으로의 진입이 활발해지고 있었음을 보여준다.

당시 그들이 얻은 직역은 대부분 업무였고, 일부만이 업유였다. 업유와 업무는 원래 유학과 무학을 닦는 양반 자제에게 붙여진 직역이었다. 하지만 업유와 업무의 사회적 지위가 하락하면서 유학과 무학을 닦는 양반가 서자들의 직역으로 전환되었다. 수봉의 원래 주인이었던 심정량의 서자 역시 1729년 호적에서 직역을 업유로 기재했다. 업유나 업무가 양반층 서자의 직역이었던 이상 군역의 의무는 없었다.

이는 군역 부담에서 벗어나려는 평민들에게는 매우 고무적인 것이었다. 유학이 되기를 기대하지는 못한다고 하더라도, 적어도 업유와 업무만 되어도 군역을 면제받을 수 있었기 때문이다. 따라서 실제로는 양반의 서자가 아닌데도 군역을 피하려는 이들이, 향리와 결탁하는 등의 다양한 방법을 동원해 업유나 업무의 직역을 획득해 나갔다. 수봉의 후손들 역시 마찬가지였다.

심정량의 서자가 업유였던 시점에서 수십 년이 흘러, 수봉의 손자가 그 업유를 칭하기 시작했다. 노비였던 수봉의 손자와 증손자들은 수봉의 옛 주인의 서자에게 붙여졌던 직역을 사용하게 되었던 것이다. 하지만 업유나 업무였던 양반 서얼은 그들의 자손 대에 가서는 유학을 칭할 수 있는 길이 열렸다. 군역을 면제받으려는 평민들이 업유와 업무를 모칭했던 시기에, 양반의 서자들은 적자들과 마찬가지로 합법적으로 유학이라 칭할 수 있게 된 것이다.

그럼에도 불구하고 수봉의 후손들은 일차적인 목적은 달성했다. 모든 구성원이 다 혜택을 받았던 것은 아니지만 군역에서 벗어나는 길이 열렸던 것이다. 더구나 그 길은 점차 확대되었고, 노력 여하에 따라서는 한 단계 더 도약을 할 수도 있었다. 이처럼 업유나 업무라는 직역은 평민들이 군역을 면제받고 때로는 유학으로 올라가는 징검다리 역할을 했다. 또한 그 자체가 중간층의 직역이었던 이상, 적어도 표면적으로는 수봉의 후손들 가운데 여러 사람이 중간층으로 성장하고 있었던 것이다.

변하는 여성의 지칭

　수봉가 후손들의 직역이 상승하면서 여성들의 지칭에도 변화가 나타났다. 한국 사회는 가족 공통의 성씨가 없다. 여성은 결혼 이후 남편의 성씨를 따르는 것이 아니라 친정아버지로부터 물려받은 성씨를 계속 사용한다. 그런데 옛날 여성들은 노비를 제외하고는 이름을 공식적으로 사용하지 않았기 때문에, 이미 말했듯이 자신의 성씨 뒤에 특수한 지칭어를 붙여 문서에 기재했다.

　일반적으로 양반 여성은 '씨', 평민 여성은 '소사'로 지칭하다가 18세기 중엽부터 둘 사이의 중간층에 '성(姓)'이란 새로운 지칭어가 사용되기 시작했다. 양반이나 평민이 아닌 여성을 호적에서 구분할 필요가 있었기 때문이다. 여성들의 지칭은 사실상 태어나면서 바로 결정되었다. 그녀가 만일 평민인 아버지와 어머니 사이에서 태어났다면, 이후 성장해서 평민 남성과 결혼할 가능성이 높았다. 그렇다면 그녀에게 붙는 지칭어는 소사가 될 것이다.

　결혼 후 여성의 지칭어는 남편이나 주호의 직역에 영향을 받았다. 남성의 직역이 고정된 것이 아니라, 수봉의 후손들처럼 변화하면서 때로는 상층으로 이동하기도 했기 때문이다. 따라서 처음에 소사였던 여성의 지칭어도 상황에 따라서는 성이나 씨로 바뀔 수가 있었다. 수봉의 막내아들은 1732년에 곡식을 바치고 절충장군이 되었다. 이때 그의 부인은 여전히 '조소사'라는 평민층의 지칭을 갖고 있었지만, 1750년에는 마침내 '조성(趙姓)'으로 바뀌었다.

수봉의 손자와 증손자의 부인들한테서 보이는 지칭 변화에는 다양한 유형이 있었다. 남성의 직역이 중간층으로 상승한 이후에 여성의 지칭이 성으로 바뀌는 경우도 있었고 그 반대도 있었다. 때로는 여성의 지칭이 먼저 성으로 바뀐 뒤 상당 기간 동안 남성의 직역이 군역자에 머물러 있는 경우도 있었다. 이는 남성의 직역보다 상대적으로 변화가 용이했던 여성의 지칭을 먼저 상승시키고 이후 남성 자신의 직역을 올리려는 의도로 보인다.

어떠한 경우든 여성의 지칭은 남성의 직역과 결국에는 연동하면서 같은 계층으로 대부분 수렴되었다. 수봉 후손들의 직역이 중간층으로 상승하면서 그들의 부인들도 소사에서 성으로 바뀌어 나간 것이다. 이렇게 직역과 지칭이 바뀐 부부를 호적에서 만나면 영락없는 중간층의 인물로 판단하기 쉽다. 문제는 그들의 가계에 대한 기록인데, 좀 더 세심하게 신경을 썼던 이들은 조상의 직역에 대한 윤색도 시도했다.

김홍발의 아들인 김소명의 1759년 호적을 살펴보자.

업무 김소명 나이 57세 계미생 본관 김해

아버지 가선대부동지중추부사 흥발 나이 93세 조부 통정대부 수봉 증조부 가선대부 언련 외조부 가선대부 변해수 본관 거창

부인 배성 나이 51세 기축생 본관 김해

아버지 효행판관 수민 조부 정병 영발 증조부 정병 문상 외조부 정병 최원석 본관 완산

業武 金召明 年 伍拾柒 癸未 本 金海

侍父 嘉善大夫同知中樞府事 興發 年 玖拾參 祖 通政大夫 秀鳳 曾祖 嘉善大夫 彦錬 外祖 嘉善大夫 卞海秀 本 居昌

妻 裵姓 年 伍拾壹 己丑 本 金海

父 孝行判官 壽敏 祖 正兵 永發 曾祖 正兵 文商 外祖 正兵 崔元石 本 完山

　　김소명은 1759년에 직역이 업무로 상승되었고, 부인의 지칭도 배소사에서 배성으로 바뀌었다. 이때 김소명은 조상의 직역까지 바꾸어 자신의 가계를 완전히 탈바꿈시키고자 했다. 아버지 홍발은 1750년에 가선대부로 상승했고, 조부 수봉의 직역 역시 통정대부였기 때문에 문제가 없었다. 직역이 바뀐 이는 바로 증조부 언련이었다.

　　언련(彦錬)은 아버지 홍발에게는 조부가 되는 이로, 호적상의 원래 이름은 어련(於連)이었다. 그는 노비였기 때문에, 평민이 된 홍발 형제는 처음에 조부인 어련의 직역을 기재하지 않았다가 뒤에 정병으로 바꾸었다. 이제 중간층인 업무가 된 홍발의 아들은 그의 증조부 어련의 직역을 정병에서 다시 가선대부로 올렸다. 노비였던 어련은 후손들에 의해 차례로 정병, 가선대부로 직역이 상승해 나간 것이다.

　　하지만 어련의 직역은 후손들의 처지에 따라 매우 유동적이었다. 역시 1759년에 업무였던 소명의 사촌은 증조부인 어련의 직역을 아예 기재하지 않으며, 그의 또 다른 사촌은 군역자인 정병으로 표기했다. 어련의 여러 증손자들은 같은 해 그의 직역을 적지 않거나, 군역자 혹은 가선대부 등으로 다양하게 기재했던 것이다. 이는 수봉의 후손들이 논의 과정을 거쳐 조상의 직역을 모두 동일하게 윤색한 것이 아니라 개별적으로 신고한 데 따른 현상이었다.

한편 자신의 가계를 완전히 평민 군역자가 아닌 것으로 바꾸어놓은 김소명은 자기 부인의 가계까지 윤색하지는 못했다. 1759년에 부인이 배성으로 올라갔지만, 그녀의 조부, 증조부, 외조부는 모두 정병으로 군역자였다. 하지만 김소명은 1780년이 되면서 이러한 모순을 해결했다. 이때 부인 배성의 조부, 증조부, 외조부는 모두 정병에서 업유로 상승되어 있었다. 자신뿐만 아니라 부인의 가계까지 비군역자로 완전히 바꾼 것이다.

수봉의 후손들은 안정적이고 장기적으로 군역에서 벗어나는 방법으로 업유나 업무 같은 중간층 직역으로의 상승을 꾀했다. 그와 함께 점차 자신의 직계 가계를 비군역자로 바꾸어 나갔다. 한편 남편의 직역이 상승하면서 지칭이 소사에서 성으로 바뀌게 된 부인의 가계 역시 시차를 두고 중간층의 직역으로 윤색하는 데 성공했다. 수봉의 여러 후손들은 자신과 부인 그리고 그들의 가계까지 모두 비군역자 또는 중간층으로 바꾸어 나갔던 것이다.

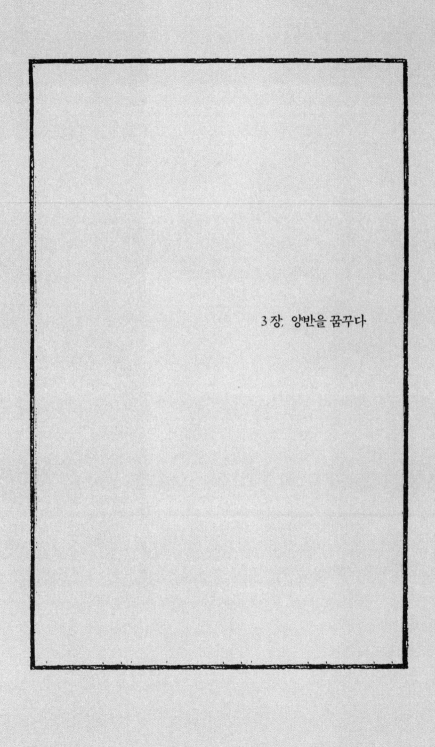

3장. 양반을 꿈꾸다

1. 유학으로의 상승

유학이라는 직역

유학(幼學)에서의 유는 어리다는 뜻이므로, 유학은 글자 그대로 보면 본격적인 학습에 들어간 어린 나이의 인물이나 그러한 상황을 의미한다. 이는 예기(禮記)의 한 구절인 "인생에서 열 살이 되면 유학이라 하고, 이십이 되면 약관(弱冠)이라 한다"는 데서 나온 말이다. 조선 전기에는 이 유학이 주로 성균관 또는 사학(四學)조선시대에 서울의 네 곳에 세운 교육 기관으로, 위치에 따라 중학(中學), 동학(東學), 남학(南學), 서학(西學)이 있다의 학생이나 여기에 적을 둔 사람을 가리키는 말이었다.

그런데 시간이 흐르면서 유학은 벼슬에 나가지 못한 채 계속 학업을 연마하는 상태라는 의미로 바뀌면서, 관직을 갖지 못한 일반 양반을 지칭하는 말로 굳어졌다. 이때 유학은 호적에서 나이와 상관없이 벼슬을 하지 못한 양반의 직역 명칭으로 기재되었다. 나이를 아무리 많이 먹어도 과거에 합격하거나 관직을 얻지 못하면 유학이었던 것이다. 벼슬하지 못한 것도 억울한데 나이가 들어도 어린 학생으로 취급하는 유학이란 용어에 대해 양반들이 반발하기도 했다.

하지만 조선 후기에는 벼슬하지 못한 양반들에 대해 '살아서는 유학, 죽어서는 학생'이라고 칭하는 것이 일반적인 관행이 되었고, 호적에서도 이를 그대로 반영했다. 죽은 이를 학생이라 부른 것은, 배우지 못하고 죽은 것이 원한이라거나 죽은 뒤에도 배워야 한다는 의미로 쓰인 것은 아니다.

유학과 마찬가지로 학생 역시 원래는 성균관이나 사학, 향교 등에 적을 둔 유생을 가리키는 말이었다. 이를 유학인 상태로 살다가 죽은 자에 대한 명칭으로 호적에서 끌어다 쓴 것이다. 결국 유학이나 학생은 벼슬은 못 했으나 벼슬에 나갈 준비가 되어 있었던 유생, 성균관이나 사학에서 공부할 정도의 자질을 가졌던 유생 정도의 뉘앙스를 가진 양반 직역의 하나였다.

그래서 양반들은 자신의 아버지나 할아버지가 관직을 얻지 못하고 죽으면 신주 등에 으레 '학생부군신위(學生府君神位)'라는 표현을 썼다. 이는 살아서는 유학, 죽어서는 학생이라는 당시 사회의 관행을 그대로 따른 것이다. 그의 조상이 생전에 실제로 성균관이나 사학에서 유생으로 생활했는가와는 상관없이, 설령 평생 놀고먹었던 양반이었다고 할지라도 학생이라고 칭했다.

벼슬하지 못하고 죽은 이, 즉 학생의 부인은 신주에서 유인(孺人)이라고 했다. 죽은 여성이 만일 김해 김씨라면 '유인김해김씨신위'가 되는 것이다. 유인은 원래 9품 관료의 부인에게 부여한 호칭이었다. 실제 9품 관료가 아니었던 유학이나 학생의 부인을 유인이라 칭한 것도 그녀가 죽은 뒤 호칭을 명예롭게 높여준 것이다. 신주에서 김성이나 김소사라고 하지 않고 김씨라고 한 것 역시 해당 여성이 양반층에 속했음을 드러내려는 장치였다.

오늘날 조상에 대한 제례를 행하는 많은 사람들이 여전히 학생이나 유인이라는 표현을 사용하는 것은 이러한 조선 후기의 관행을 따르는 것이다. 이러한 표현은 조선 후기 이래로 자신의 가계 역시 양반의 일원이라는 것을 은연중에 드러내는 수단이 되기도 했다. 양반이 아니면서 양반 문화를 수용하거나 모방한 이들도 그러한 기대를 가지고 있었다. 많은 이들이 유학이 되기를 원했고 조상에 대한 제례가 확산되면서 죽어서 학생이 된 사람도 자연스럽게 늘어갔다.

물론 양반 가운데 관직을 가진 남성은 호적이나 신주에 그의 관직명이 기재되었다. 하지만 조선 후기에는 과거에 합격해 관료로 진출하기란 무척이나 힘든 일이었다. 따라서 많은 양반들은 호적상의 직역이 유학에 머물러 있을 수밖에 없었다. 그래도 유학이라는 직역을 갖고 있으면, 관직에 진출할 미래를 꿈꾸며 과거 공부를 하면서 지역에서 양반으로 행세할 뿐만 아니라 군역에서도 빠질 수가 있었다.

문제는 전통적인 양반이 아닌 사람들까지 유학을 칭하기 시작한 데 있었다. 심정량의 서자와 마찬가지로, 양반가의 서자와 그 후손들도 숙종 대이후로는 공식적으로 유학을 칭할 수 있는 길이 열렸다. 양반가의 적자든 서자든 벼슬을 하지 않았다면 호적상 직역은 모두 유학이었던 것이다. 적어도 직역 명칭에서는 양반의 적자와 서자 사이의 차이가 사라진 셈이다. 그렇다고 해서 양반가 내부에서 사적으로 적자와 서자 사이의 차별을 없앤 것은 아니었고, 과거 같은 공적인 관료 임용 제도에서 서얼에 대한 차별이 사라진 것도 아니었다. 유학이라는 직역의 사용은 결국 적자와 서자 사이에 가로놓인 수많은 차별 장치 가운데 하나를 제거했다는 의미를 지니는 것이었다.

원래 양반이 아니었던 이들이 유학을 칭할 수 있는 길이 열리자, 그 길은 점차 아래로 확산되었다. 평민 가운데 중간층 직역으로 올라간 이들의 일부, 혹은 평민 군역자의 일부가 자신들의 경제력 등을 활용해 유학이라 칭하기 시작한 것이다. 김수봉의 손자와 증손자들이 중간층 직역으로 올라갔던 것처럼 그들의 후손 가운데 일부는 다시 상층인 유학으로의 진입을 꾀했다. 그러한 노력은 부분적으로 성공을 거두어 유학의 외연은 갈수록 커지게 되었다. 유학은 양반층에서 양반의 서얼, 다시 평민의 일부로 그 대상이 확대되고 있었던 것이다.

유학이 되다

노비에서 평민으로, 다시 중간층으로 상승했던 수봉의 후손들은 양반의 직역이었던 유학을 꿈꾸기 시작했다. 그 시작을 연 것은 수봉의 증손자인 김○오였다. 강고한 조선 사회의 신분 질서에 조금씩 균열이 생기면서 직역을 운영하는 방식에 변화가 나타났다고 하더라도, 뿌리가 노비였던 인물이 유학이 되기를 꿈꾸었다는 것은 획기적인 일이었다. 이는 그만큼 하층민들이 유학이 되기를 갈망했고, 그 문호도 점차 개방되고 있었기 때문에 가능한 일이었다.

김○오가 처음부터 유학이었던 것은 아니다. 그는 21세였던 1759년까지는 어영청 보인으로 평민 군역자였다. 3년 뒤 그의 아버지 김홍발은 장남 ○오를 비롯해 3명의 아들 가운데 2명을 업유라는 중간층 직역으로 올려놓았다. 몇 명의 노비를 소유한 아버지의 경제력이 자식들의 직역 상승에 영향을 미쳤다. 아버지 덕택에 중간층으로 올라선 ○오는 40대였던 1780년 마침내 유학이 되었다. 그때 그는 아버지와 마찬가지로 몇 명의 노비를 소유하고 있었다.

김○오는 17세기까지 대부분 양반들이 독점했던 유학이란 직역을 수봉의 후손들 가운데 가장 먼저 획득했다. 그것은 유학으로 올라서려는 자신과 가족들의 열망과 경제력, 그리고 유학이 늘어나는 사회적 분위기 등이 맞물린 결과였다. 이에 따라 안악 이씨였던 그의 부인에 대한 지칭도 이소사에서 이성, 다시 이씨로 상승해 나갔다. 이러한 행운을 얻는 것은 그렇게 쉬운 일은 아니어서, 그의 두 동생은 중간층으로 올라간 뒤 일생 동안 유학이 되지는 못했다.

하지만 김○오의 행운도 그렇게 길게 가지는 않았다. 유학이 된 지 3년 만에 그의 직역은 중간층의 교생으로 강등되었고, 이후 여생을 마칠 때까지 다시는 유학으로 올라가지 못했다. 이 때문에 부인의 지칭 역시 이씨에서 이성으로 격하되었다. 김○오처럼 양반 출신이 아니면서 유학을 모칭한 이들은, 호적 작성 과정에서 직역 파악이 엄격해지면 언제든지 유학이라는 직역을 상실할 위험이 있었다.

지방의 전통적인 양반가의 입장에서 보면 하천민들이 그들처럼 유학이라 칭하는 것은 매우 불쾌한 일이었다. 중앙의 정치권력은 서울의 노론 가문 중심으로 재편되었고, 그들과 연관된 인물들이 수령으로 내려오면서 지방 양반들의 위세는 갈수록 약화되었다. 지방 양반들의 대다수는 여러 세대 동안 관직에 나가지도 못하는 처지였다. 그들은 중앙 권력에 쉽게 진출하지 못하는 이상 지방에서라도 영향력을 행사하려 했고, 그것은 신분 질서가 엄격하게 유지되어야만 가능한 것이기도 했다.

그런데 그 내력이 불분명하거나 미천한 자들이 공문서에 떡하니 유학이라 칭하고 군역도 지지 않고 있었으니, 양반들의 권위는 한층 더 떨어질 수밖에 없었다. 양반들은 모칭 유학의 폐단을 바로잡을 것을 누누이 호소하는 방식으로 불만을 표출했다. 그러한 한편으로 그들은 유학으로 상승한 하천민들을 자신과 같은 양반으로 조금도 인정하지 않았다. 자신들의 서자에 대해서도 끝내 차별했던 양반들이, 유학으로 상승한 이들에게 문호를 개방한다는 것은 상상하기 어려운 일이었다.

유학이 된다고 해서 곧장 양반 사회의 일원으로서 대우받는 것은 아닐지라도, 양반의 특권을 일부나마 누리고 싶었던 많은 이들이 끊임없이 유학으로의 상승을 도모했다. 그것은 언젠가는 해소되기를 바랐던 신분 차별의 질곡에서 벗어나는 길이기도 했다. 김○오의 실패에도 불구하고 수봉가의 후손들 역시 유학이 되려는 욕망을 거두어들이지 않았다. 그것은 현실 체제를 부정하거나 파괴하지 않으면서 성장할 수 있는 최선의 길이기도 했다.

늘어나는 유학

김수봉의 후손들이 본격적으로 유학을 칭하기 시작한 것은 1831년에서 1867년 사이에 등장하는 그의 5세손과 6세손 단계에서였다. 19세기 호적은 내용이 소략한 데다 엄밀성도 이전 시기에 비해 많이 떨어진다. 수봉의 후손들도 기재되지 않은 사람이 많은데, 호적에 등장하는 이들의 대다수가 유학을 칭했다. 그 시기는 대개 19세기 중엽부터다. 김수봉의 후손들이 중간층의 직역을 획득한 뒤 다시 수십 년이 지나면서, 한때 양반들의 전유물이었던 유학이란 호칭을 누리게 된 것이다. 이는 수봉이 노비에서 해방되고 약 2세기에 가까운 시간이 흐른 뒤의 일이었다.

이때 수봉 후손의 가계는 완전히 탈바꿈해서 형식적으로는 양반의 가계와 아무런 차이가 없었으며, 이는 앞 시기의 김○오와도 달랐다. 수봉의 증손자 김○오의 1780년 호적과 6세손 김정흠의 1858년 호적, 심정량의 7세손 심항래의 1858년 호적을 비교해보자.

유학 김○오

아버지 절충장군 조부 절충장군행용양위부호군 증조 노직통정대부 외조부 가선대부

　幼學 金○五

　父 折衝將軍 祖 折衝將軍行龍驤衛副護軍 曾祖 老職通政大夫 外祖 嘉善大夫

유학 김정흠

아버지 학생 조부 학생 증조부 학생 외조부 학생

　幼學 金正欽

　父 學生 祖 學生 曾祖 學生 外祖 學生

유학 심항래

아버지 학생 조부 학생 증조부 학생 외조부 학생

幼學 沈恒來

父 學生 祖 學生 曾祖 學生 外祖 學生

수봉의 후손 가운데 처음 유학이 된 김○오의 가계를 살펴보면, 본인을 제외하고는 유학이나 학생이 전혀 없다. 평민 군역자는 아니었다고 하더라도, 통정대부나 가선대부처럼 관직은 없고 관품만 있는 조상은 대개가 양반이 아님을 쉽게 짐작할 수 있다. 그에 반해 김정흠은 본인이 유학일 뿐만 아니라 사조 모두 학생으로, 양반층 가계와 전혀 차이가 없다. 이는 김정흠과 같은 해 호적에 등장하는 양반 심항래의 가계를 통해 확인할 수 있다. 심항래는 김정흠과 마찬가지로 자신은 유학, 사조는 모두 학생인 것이다.

1858년 김정흠과 심항래는 비록 뿌리는 서로 달랐지만, 당대의 호적에 보이는 직계 조상의 직역에는 아무런 차이가 없었다. 실로 새로운 양반 가계의 탄생이라고 할 만하다. 한때 자신도 노비였던 수봉의 직계 조상들이 얼마나 긴 세월 동안 노비의 신분으로 묶여 있었는지는 알 수 없다. 수봉이 그 사슬을 끊었고, 그의 손자와 증손자들은 중간층 직역으로 올라갔다. 그리고 마침내 그의 5, 6세손들은 주변의 양반들과 같은 직역을 얻는 데 성공했다. 수봉가의 긴 여정에서 보면 후손들의 다수가 유학을 획득한 것은 수봉의 신분 해방만큼이나 획기적인 사건이었다. 수봉은 노비에서 벗어남으로써 최하층민의 예속적 삶에서 해방되었고, 그의 후손들은 유학이 되어

최상층민인 양반의 기득권 일부를 향유할 수 있게 되었다.

하지만 수봉가에서만 이러한 성장이 이루어진 것은 아니었다. 노비로부터의 해방이 대다수 노비의 염원이듯, 양반을 꿈꾼 것 역시 평민들 대다수의 염원이었다. 수봉의 후손들이 주로 거주했던 도산면의 남성 주호의 직역 변화를 보면 그 실상을 가늠해볼 수 있다.

도산면의 남성 주호 가운데 천민층인 노비는 1678년 40%가 넘었으나, 1780년에는 10% 아래로 급감했으며 이후로는 겨우 명맥만 유지했다. 김수봉은 17세기 말에서 18세기 초 사이에 노비에서 해방되었으므로 비교적 다른 노비들보다 신분 해방의 시점이 빨랐다고 할 수 있다. 수봉 같은 노비의 해방은 인근의 다른 노비들을 자극해, 경제력을 동원하든 도망을 가든 다양한 방법을 통한 연쇄적인 노비 해방이 이루어지게 만들었다.

노비에서 해방된 이들은 국가 운영의 근간이 되는 평민 군역자로 있었으므로 조선 왕조는 이들의 감소를 쉽게 용인하지 않았다. 도산면에서 하층인 평민 직역자는 18세기 내내 비슷한 수와 비중을 유지했던 것이다. 평민 직역자들에게 의미 있는 감소 추세가 나타난 것은 19세기 중엽 이후였다. 수봉의 후손들을 비롯해 많은 평민들 또한 일찍부터 중간층으로의 직역 상승을 기대했지만 쉽지 않았던 것은 그 때문이었다.

수봉의 후손 대다수가 중간층 직역으로 상승한 것은 18세기 말 이후였다. 도산면에서 업유나 업무 같은 중간층 직역자는 18세기 중엽 이후 조금씩 늘어나기 시작했고, 19세기에 접어들어 그 증가폭은 비교적 커졌다. 당시의 이러한 사회 변화에 수봉의 후손들도 일정하게 편승하고 있었던 셈이다. 수봉가의 인물들만이 아니라 어느 정도 경제력을 갖춘 평민들은 비

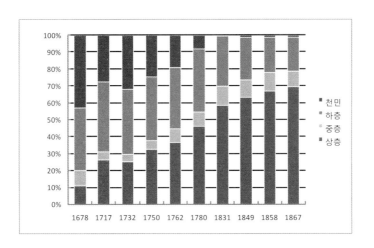

도산면 남성 주호의 직역별 비중 변화

숫한 수순을 밟으면서 유학이 되기를 희망했다.

　따라서 수봉의 후손 외에도 많은 하천민들이 유학에 이르는 문으로 달려갔고, 결국에는 그 문을 여는 데 성공했다. 도산면만 하더라도 노비가 급격하게 감소하는 만큼이나 상층의 증가폭도 컸는데, 이는 전적으로 유학의 증가에서 기인했다. 17세기 말 10% 정도에 머물렀던 상층의 비중은 18세기 전반 20%, 18세기 말 40% 선을 넘어섰다. 이후로도 증가는 지속되어 19세기 중엽에는 60% 선을 넘어섰으며, 급기야 1867년에는 67%에 이르렀다. 여기에는 전통적인 양반들과 그들의 서얼들 외에도 하천민에서 성장한 이들이 다수 포함되어 있었다. 하천민 신분에서 출발해 유학에 오르는 일은 수봉가에만 내려진 축복이 아니었던 것이다.

유학은 양반인가

유학이 이렇게 늘어나고 있었다면 이런 의문이 든다. 그들은 모두 양반이란 말인가? 호적에 등장하는 유학을 모두 양반으로 보면, 조선 후기는 급격한 신분 변동이 발생한 사회가 된다. 도산면만 하더라도 19세기 중반에 유학이 전체 주호의 70% 가까이 되었지만, 이는 이곳에서만 일어난 특이한 현상이 아니라 다른 지역에서도 비슷한 양상을 보인다. 오히려 유학의 비중이 더 많은 곳들도 있다. 실로 놀라운 일이다. 엄격한 신분제 사회였던 조선에서 양반 호가 70% 혹은 그 이상이 되었으니 말이다.

하지만 그렇게 단순하게 판단하기는 어렵다. 유학의 증가가 신분의 급격한 변동이나 양반층의 급증을 곧바로 의미하는 것은 아니기 때문이다. 우선 호적에는 많게는 전체의 절반에 가까운 호구가 누락되었고, 누락된 자들은 대개 하천민이었다. 호적은 국역 대장의 성격이 강했으므로 역을 부담할 수 있는 경제력이 있는 이들을 우선적으로 기재했다. 양반이나 상층 평민들의 기재 가능성이 하천민들보다 훨씬 높았던 것이다. 따라서 호적에서 빠진 하천민들을 포함할 경우 전체 호에서 유학이 차지하는 비중은 크게 줄어들게 된다.

또한 유학 호가 본격적으로 늘어나는 18세기 중반 이후 전체 호수는 비슷하게 유지되었다는 점도 고려되어야 한다. 이 시기부터 군포 수취 같은 부세 운영에서 마을이나 면리 단위의 공동 납부 관행이 서서히 확산되었기 때문이다. 중앙정부는 각 도에, 각 도는 각 군현에, 각 군현은 다시 면리에 필요한 부세 액수를 정해주면, 그곳에 소속된 주민은 공동으로 해당 액

수를 채워야 했다. 면리 단위에서부터 전체 주민들의 부세 부담 능력을 면밀히 파악해서 재정을 운용한 것이 아니라, 거꾸로 국가가 필요로 하는 액수를 아래로 내려 보냈던 것이다. 이렇게 정해진 총액을 확보하는 데 힘을 쏟으면서 개별 인물의 직역 파악에 대한 엄밀성은 약화되고 있었다.

이러한 변화는 수봉의 후손들처럼 유학이 되려는 이들에게는 좋은 기회가 되었다. 앞 시기보다는 유학으로 올라가기가 조금은 쉬워졌고, 호적에서도 이를 받아들이고 있었기 때문이다. 그럼에도 불구하고 유학 증가의 가장 주요한 원인은 조선이란 사회가 여전히 양반을 중심으로 한 신분제 사회였고, 그들의 특권을 부분적으로나마 향유하려는 일반 민들의 갈망과 노력이 존재했다는 점에 있었다.

유학으로 성장한 이들은 군역에서 빠질 수 있었고 그 권리를 운 좋게 자손들에게 물려줄 수도 있었다. 양반들처럼 형식을 갖추어 조상에게 제사를 지내고 신주에 학생부군신위라고 칭하기도 했다. 하지만 기존의 양반들이나 조선 사회가 그들을 곧바로 양반으로 대우하지는 않았다. 모든 유학이 바로 양반일 수는 없었던 것이다. 오히려 유학의 증가는 조선 사회의 구성원들이 얼마나 양반을 지향하고 있었는지를 보여주는 징표였다.

양반의 특권을 파괴하거나 혹은 그들처럼 되든 간에 어느 것 하나 쉬운 일은 없었다. 수봉의 후손들이 본격적으로 유학이 된 무렵에 그들이 살았던 단성과 이웃 진주에서는 농민 저항의 불길이 솟아올랐다. 특히 진주에서는 아전들만이 아니라 의관을 갖춘 양반들을 집중적으로 공격하는 현상도 나타났다. 이는 오랜 양반 지배에 대한 분노의 표출이기도 했다. 하지만 그 힘이 양반 사회를 해체하는 데 이르지는 못했다.

수봉의 후손들은 저항보다는 양반에 가까워지는 길을 택했다. 그들 대다수가 유학으로 성장했던 19세기 중반 이후 옛 주인이었던 심정량 후손들의 직역도 절대다수가 유학이었다. 한때는 주인과 노비로 만났던 이의 후손들이 적어도 호적의 직역에서는 같은 유학을 칭하고 있었던 것이다. 관직 진출이 용이하지 않았던 심씨가의 후손 다수는 2백여 년간 유학으로 정체되어 있었고, 신분 차별을 극복하려던 수봉가의 후손들은 역동적으로 직역을 바꾸어 나가며 유학에 이르고 있었던 것이다.

하지만 2백여 년이라는 시간은 무척이나 긴 여정이었다. 수봉은 많은 이들이 여전히 노비로 남아 있을 때 운 좋게도 노비에서 해방되었다. 그런데 유학이 본격적으로 확산되기 시작했던 초기에 그의 후손들은 대부분 중간층으로의 상승을 도모하고 있었다. 그것은 그들의 뿌리가 노비로 연결되었던 만큼, 급속한 성장을 이룰 시간적, 물리적 조건을 충분하게 갖추지 못했기 때문이다. 실제 수봉의 후손들은 호적에 나타나는 전체 주호의 2/3 정도가 유학을 칭하는 19세기 중엽 이후에야 유학으로 본격적인 상승을 할 수 있었다.

그럼에도 그들은 나름대로 사회적 지위의 향상에 성공한 이들이었다. 호적 바깥에는 여전히 많은 하천민들이 존재했고, 일부는 일시적으로 호적에 등장했다가 사라지곤 했다. 유학이라는 최종 귀착점에 안착한 이들도 많았지만, 그 대오에서 밀려난 이들도 여전히 많았다. 유학이 된 수봉의 후손들은, 호적에서 누락된 이들이나 아직 중간층 이하의 직역에 머물렀던 이들에 비해, 이제 한 단계 더 성장할 수 있는 기회를 갖게 된다. 그것은 바로 유학이란 호칭에 걸맞는 사회적 지위를 확보하는 일이었다.

2. 새로운 도전

도전과 좌절

양반에 가까워지려는 수봉가의 노력은 유학이 되려는 것에만 머물러 있지 않았다. 유학은 원래 양반층의 전유물이었지만, 그 숫자가 크게 늘어나기 시작하면서 이것만으로는 양반 대접을 받을 수 없었다. 오랜 기간에 걸쳐 꾸준하게 신분 상승을 도모했던 수봉의 후손들도 그 점에 있어서는 마찬가지였다. 이때 수봉의 후손들은 사회적 지위의 향상을 위해 유학이 되려는 노력과 함께 또 다른 새로운 도전을 시작했다.

수봉의 고손자 가운데 한 사람인 김종옥의 1825년 호적을 살펴보자.

한량 김종옥 나이 64세 임오생 본관 안동
아버지 학생 조부 학생 증조부 가선대부 외조부 학생
부인 최성 나이 66세 경진생 본관 경주
아버지 학생 조부 학생 증조부 학생 외조부 학생

김종옥은 이때까지 유학으로 올라가지는 못하고 중간층인 한량에 머물렀다. 따라서 부인 역시 최씨가 아닌 최성이다. 하지만 그와 부인의 가계는 가선대부 1명을 제외하면 모두가 학생으로 바뀌어 있다. 가계 전체가 유학 혹은 학생으로 전환되는 과정에 있는 것이다. 그런데 이 호적에는

父 學生 祖 學生 曾祖 學生 外祖 學生
妻 崔姓 年 陸拾陸 庚辰 本 慶州
父 學生 祖 學生 曾祖 嘉善大夫 外祖 學生
父 學生 祖 學生 曾祖 嘉善大夫 外祖 學生
閑良 金宗玉 年 陸拾肆 壬午 本 安東

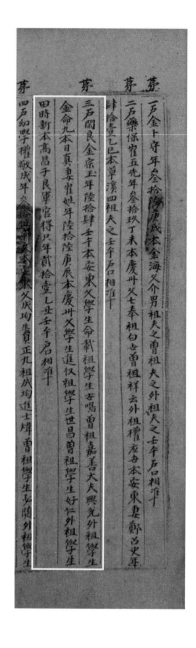

특별한 점 두 가지가 있다. 하나는 김종옥의 본관이 안동이란 점이고, 또 다른 하나는 그가 신등면 단계하촌에 거주한다는 점이다.

김종옥은 그전에는 다른 친척들과 함께 도산면 등광에 살았다. 그때 그는 분명 수봉의 후손으로 본관이 김해였다. 그는 조부 이래로 정착했던 등광을 떠나면서 본관을 안동으로 바꾼 것이다. 새로운 지역으로의 이주는 오랫동안 수봉가의 신분 상승에 주요한 동력이 되었다. 수봉의 아들 홍발은 아버지가 머물렀던 도산면 원산을 떠나 고읍대로 다시 용흥으로 옮겼고, 홍발의 아들은 다시 현내면 청계암을 거쳐 도산면 등광에 정착했다. 이제 그의 후손 가운데 종옥이 다시 신등면 단계하촌으로 이주했다.

앞서 말했듯이 등광은 양반들이 거의 존재하지 않았던 전형적인 하천민 촌락이었다. 수봉의 후손 일부는 이곳에서 새로운 성장을 시도했다. 그런데 김종옥은 단성현에서 양반들의 위세가 강한 곳 가운데 하나인 단계하촌으로 이주했다. 단계하촌은 세 곳으로 분리된 단계촌의 일부로 오랫동안 안동 권씨의 집거지였다. 1825년 이곳에는 유학 호가 모두 열둘이었는데, 그 가운데 8호가 안동 권씨였다. 더구나 이곳은 과거에 급제해 중앙 정계에 올라가 있던 젊은 관료 유의정의 집이 있는 곳이기도 했다.

김종옥은 왜 하필 이곳으로 이주했을까? 양반들과 어떤 교분을 맺으려고 했을지도 모를 일이다. 이주하면서 본관까지 바꾸었으니 말이다. 그는 수봉 이래로 2백 년 가까운 시간이 흐르도록 유지되었던 김해라는 본관을 갑작스레 던져버렸다. 더구나 조부 이래로 백 년 가까이 살았던 마을에서도 떠났다. 그의 가계 내력을 숨기거나 새로운 도전의 필요가 없었다면 할 수 없는 일들이다.

그의 의도를 정확하게 파악할 수는 없다. 다만 본관을 안동으로 바꾼 것으로 보아, 적어도 이 지역에서는 김해 김씨보다는 안동 김씨의 사회적 위상이 더 높았다고 할 수 있다. 그렇지 않다면 그가 굳이 본관까지 변경하는 무리수를 두지는 않았을 것이기 때문이다. 이를 통해 그는 분명 자신과 가계의 위상을 끌어올리고자 했음이 틀림없다. 평민 촌락을 떠나 양반들이 사는 반촌으로 옮긴 것도 이와 관련이 있을 것으로 추정해볼 수 있다. 아니면 어떤 필요에 의해 단계로 이주하면서 이왕이면 그 지역에서 더 우대받았던 안동 김씨로 본관을 바꾸었을 수도 있다.

하지만 그의 시도는 성공을 거두지 못했다. 3년 뒤 새 호적을 만들면서 그는 본관을 다시 김해로 돌려놓았다. 안동 김씨로 자신의 가계를 연결시키려던 노력이 수포로 돌아간 것이다. 거주지와 가계 내력을 바꾸어 새로운 변신을 도모하기란 쉬운 일이 아니었던 것이다. 기존 양반들의 텃세가 강한 반촌에서 정착하기보다는 차라리 단성현을 떠나는 것이 나았을지도 모른다. 하지만 그는 단성을 떠나 다른 군현에서 양반으로 상승하는 길을 찾지 못했다. 결국 단계에서 뿌리를 내리고 살지 못한 그는 1831년 도산면으로 되돌아와 여생을 보냈다.

본관의 우열

비록 실패하기는 했지만 김종옥의 사례에서처럼 본관은 바뀔 수 있었다. 조선 후기 이래 양반 문화가 아래로 확산되면서 부계친족 집단의 역할은 강화되었다. 그 영향으로 오늘날의 한국인에게 성과 본관은 결코 바뀔 수 없는 신성한 것으로 인식되고 있다. 더불어 사람들은 그러한 인식이 시대를 거슬러 올라가도 변함없었던 강고한 역사적 전통이었을 것으로 추측하기도 한다.

하지만 성과 본관이 없었던 노비들은 그것을 획득 혹은 선택해야 했다. 김종옥처럼 때로는 본관을 바꾸려는 시도도 있었다. 개인이나 집단에 따라서 성과 본관은 어떤 특정한 시기에 선택되기도 하고 바뀌기도 하는 것이다. 하지만 부계로부터 물려받은 성이 지니는 강한 보수성으로 인해 성보다는 본관이 바뀌는 사례가 압도적으로 많았다. 한 번 획득된 성은 여간해서는 바뀌지 않았지만, 본관은 꼭 그렇지만은 않았던 것이다.

본관은 특정한 혈연집단의 시조나 중시조가 나온 지역을 지칭한다. 이는 한편으로는 같은 혈통을 가진 인물들이 여러 지역으로 분산해 나갈 때 각각의 지역에 정착해서 세거한 일파를 가리키는 표식이기도 했다. 한 가지 예로 신라의 수도였던 경주에는 왕실 계통의 박씨와 김씨 외에도 6부의 귀족 계통이었던 이, 최, 손, 정, 배씨 등 여러 성씨들이 거주했다. 훗날 이들의 본관은 모두 경주가 되는데, 오늘날 한국인의 성씨 가운데 가장 높은 점유율을 보이는 김, 이, 박, 최, 정 등 다섯 개 성씨도 여기에서부터 시작되었다.

그런데 이들 가운데는 경주를 떠나 다른 지방의 유력 가문으로 성장한 이들이 있었다. 밀양 박씨, 상주 박씨, 강릉 김씨, 선산 김씨 등 다양한 성관들이 여기에 해당하며, 이들은 그 뿌리가 경주의 신라 왕족이나 귀족으로 연결된다. 하지만 훗날 그들의 본관은 새로운 세거 지역의 명칭을 따라 밀양이나 상주 등으로 정해졌다. 신라의 경주를 예로 들었지만, 이외에도 많은 지역에서 특정한 인물의 정착과 세거에 따라 새로운 성관들이 생겨날 수 있었다.

후삼국을 통일한 고려 태조 왕건은 여러 호족들에게 성씨를 내려주는 한편으로, 해당 지역을 대표하는 성씨인 토성(土姓)을 획정했다. 이 과정에서 본관제가 정착하고 공식 문서에서도 사용되기 시작했다. 이에 따라 지방의 유력 호족들을 지칭할 때 그들의 세거지 명칭을 붙여 부르는 것이 하나의 사회적 풍조가 되었다. 이후 본관은 여타의 계층으로도 서서히 확대되어 평민은 물론이고, 조선시대에는 노비들도 성과 본관을 갖게 되었다.

조선시대 성과 본관의 수는 매우 많았는데, 수봉이 살았던 단성 인근에서 가장 큰 고을이었던 진주의 성씨에 관한 기록을 『세종실록지리지』를 통해 살펴보자.

토성(土姓) : 정(鄭) · 하(河) · 강(姜) · 소(蘇)

입주후성(立州後姓) : 유(柳) · 임(任) · 강(康)

속성(續姓) : 김(金) · 박(朴)

반성현(班成縣) : 옥(玉) · 성(成) · 형(邢) · 주(周) / **속성** : 김(金)

영선현(永善縣) : 임(林) · 임(任) · 양(陽)

악양현(岳陽縣) : 도(陶) · 오(吳) · 임(任) · 손(孫) · 박(朴) / **속성** : 김(金)

복산향(福山鄕) · **송자향**(松慈鄕) : 문(文)

單一口一百八十單一軍丁侍衛軍一百七十四營鎮軍一百八十八船軍九百七十五

州土姓四鄭河姜蘇立州後姓三柳任康續姓二金 朴祥 班成姓四玉成邢

周續姓一金 永善姓三林任陽岳陽姓五 孫續姓一金

鄉亡福山松慈二鄉姓一文人物知中樞院事兵部尚書姜民瞻 領議政府事

晉山府院君文忠公河崙

皮狐皮水獺皮山獺皮藥材天門冬土産牛毛毡青角藿海參席二所一在金陽村

脯文魚銀口魚菁菜松茸芝草崔苦茶鹽所三一在州北目堤里一在州西中全里

萬二千七百三十結土宜五穀粟蕎麥柿梨石榴桑麻木綿土貢蜂蜜黃蠟鹿

一在江州浦塩所一在昆陽界陶器所二一在州東南龍津邑石城

一在州東月牙里磁器所三一在州北凰鳴樓在客舍南

蠶石樓在龍頭寺南石崖之上新驛金良新驛末文新

驛皆在州界永善新驛富多城角山鄉主山在州南

廐望津山在州南光濟山

세종실록지리지 진주목 성씨조 기록

진주 한 곳만 하더라도 여러 성씨들이 복잡한 형태로 존재했다. 우선 토성은 진주의 읍 중심부에서 가장 먼저 세력을 키웠던 이 지역의 대표 성씨들이다. 입주후성은 읍 중심 인근에 있던 지역이 행정 개편과 함께 중심부로 통합되면서 뒤이어 토성이 된 성씨들이다. 이들의 본관은 물론 진주가 된다. 속성은 새롭게 편입된 성으로, 다른 지역에서 온 경우가 많았다. 따라서 이들은 토성보다 사회적 지위가 낮았다.

다음은 진주의 영향력 아래 있던 반성, 영선, 악양 등 세 속현(屬縣)^{지방관}이 파견된 주현(主縣)에 소속된 낮은 급의 지방 행정 단위 지역의 성씨들이다. 각 속현에는 원래의 토착 성씨와 이주한 속성이 존재한다. 속현의 성씨 다음에는 복산향과 송자향의 성씨가 별도로 구분되어 있다. 이때의 향은 향소부곡(鄕所部曲) 특수한 지방 하급 행정구획인 향, 소, 부곡을 아우르는 말로, 주로 하천민들이 살았다의 향과 같다. 향성, 소성, 부곡성도 존재했던 것이다. 그렇다면 향소부곡의 성씨는 속현의 성씨보다, 속현의 성씨는 중심 지역 토성의 성씨보다 위세가 떨어질 수밖에 없다. 또한 속성은 토성보다 지위가 낮아 토성이 주로 양반 사족으로 성장했다면 속성은 향리에 머물렀다.

진주라는 작은 지역에서도 거주지의 위치나 정착 시기에 따라 성씨의 우열이 존재했던 것이다. 그런데 지방 제도가 개편되면서 향소부곡이 사라지고 속현도 폐지되어, 이들 지역은 수령이 파견되었던 군현의 직접 지배를 받게 되었다. 이에 따라 이곳의 성씨들은 향소부곡이나 속현이 아닌 주현의 명칭을 그들의 본관으로 삼을 수 있는 계기가 마련되었다. 반성 ○씨라고 하는 것보다 진주 ○씨라고 하는 것이 그들에게는 더 유리하기도 했다.

결국 성씨는 발달 과정에서 일찍부터 사회적 지위나 영향력에 차이가 있었고, 다양한 갈래로 존재했던 본관은 군현 명칭을 중심으로 재편되었다. 더구나 각 지방에서 가장 우세한 위치에 있었던 토성들도 상호 경쟁하는 과정에서 우열이 나뉘게 되었다. 중앙 권력에 참여한 구성원 수가 얼마나 되는가, 경제력이나 학문적 성취가 어느 정도인가 등등 다양한 요인에 의해 사회적 영향력은 달라질 수 있었던 것이다.

조선시대에는 같은 성 아래 수십 개 혹은 백 개가 넘는 본관이 존재했다. 하지만 오늘날에는 하나의 성에 조선시대만큼 다양한 본관이 존재하지 않으며, 때로는 특정 본관의 구성원 수가 절대다수를 차지하기도 한다. 특정 본관만 출산율이 높았기 때문이 아니라 사회적 영향력이 컸던 본관을 선택하거나 그것으로 바꾼 사람들의 수가 많았기 때문이다.

김종옥은 본관을 김해에서 안동으로 바꾸고자 했다. 적어도 그가 살았던 단성현에서는 김해 김씨보다 안동 김씨가 더 영향력 있는 성관이라고 생각해서였을 것이다. 그러한 시도는 김종옥만의 돌출적인 행동으로 보기는 어렵다. 이미 말했듯이 성관 간에 우열이 존재했고, 성과 본관을 조합한 경우의 전체 수는 계속 줄어드는 추세에 있었기 때문이다. 본관은 바뀔 수 있는 것이었고, 그러한 흐름을 타고 자신과 가계의 성장을 추구했던 많은 김종옥들이 조선 후기에 존재했던 것이다.

본관을 바꾸다

본관 변경은 김종옥 주변에서 그만의 생각은 아니었던 것 같다. 그는 비록 새로운 거주지에서의 정착이나 본관 변경에 실패했지만, 같은 마을에 살았던 육촌 동생 김종원은 거주지를 옮기지 않고 본관만 변경하는 방법을 썼다. 이때 선택한 본관 역시 종옥과 마찬가지로 안동이었다. 두 사람 사이에 교감이 있었음을 짐작할 수 있는 대목이다. 종원의 바뀐 본관인 안동은 그의 아들과 딸에게도 그대로 전수되었다.

더구나 김종옥 형제의 자녀를 비롯해 19세기 중엽 이후 호적에 등장하는 그의 친척들은 모두 본관이 안동으로 바뀌었다. 김종옥의 의도는 다음 세대에 들어서는 완전하게 관철되고 있었던 것이다. 그런데 이들은 모두 김수봉의 세 아들 가운데 홍발의 직계 후손이었고 직역도 유학으로 상승해 있었다. 다시 말하면 수봉의 후손 가운데 주로 홍발의 직계 후손들이 유학으로 직역을 상승시키면서 본관을 변경했고 호적에서도 가장 오랫동안 남아 있었던 것이다.

그렇다면 그들은 안동 김씨와 어떤 연고가 있었던 것일까? 1678년 도산면에는 모두 16호의 안동 김씨가 보이는데, 그 가운데 11호가 수봉과 같이 원산촌에 거주했다. 그리고 그들의 다수는 양반들이었다. 수봉은 주인 심정량은 물론이고 안동 김씨들의 위세를 몸소 체험하며 살았던 것이다. 그러한 경험은 적어도 수봉의 아들과 손자 대까지 이어졌다. 수봉가에서는 양반으로서의 안동 김씨에 대한 각인이 오랫동안 남아 있었을 법하다. 수봉의 후손들이 혈연적으로 안동 김씨와 연결되었던 것은 아니지만 지역 양반가에 대한 오랜 기억이 그들에게 잔존했을 수 있다.

한편으로 안동을 새 본관으로 선택한 것은 상대적으로 이 지역의 김해 김씨 구성원이 주로 평민층으로 신분이 낮았던 데서 연유한다. 유학으로의 상승에 걸맞게 본관도 이왕이면 좀 더 권위 있는 것으로 바꾸고 싶은 욕망이 그들에게 존재했던 것이다. 이때 그들의 선택은 나름대로의 계산에서 나온 것이기도 했다. 도산면에 살았던 안동 김씨의 남성 주호 숫자나 직역을 보면 그들의 의도를 짐작할 수 있다.

	1678	1717	1732	1750	1762	1780	1831	1849	1858	1867	합계
상층	11	4	6	1	2	2	1	3	4	2	36
중층	0	1	0	0	0	0	0	2	1	1	5
하층	5	2	1	1	0	0	0	0	1	0	10
천층	0	1	0	0	1	1	0	0	0	0	3
합계	16	8	7	2	3	3	1	5	6	3	54

도산면 안동 김씨 남성 주호의 계층별 수

수봉의 후손들이 주로 살았던 도산면에는 1678년 상층 양반을 중심으로 16명의 안동 김씨 주호가 호적에 나타난다. 하지만 1717년에는 계층 구성이 다양해지는 한편으로 그 수가 절반으로 줄었다. 안동 김씨의 감소 추세는 계속되어, 수봉의 후손들이 본관을 본격적으로 바꾸기 직전인 1831년에 그 수는 단 1호에 불과했다. 18세기 이후 안동 김씨들은 이 지역에서 점차 이동해서 19세기에는 거의 남아 있지 않았던 것이다.

세력은 점차 축소되었으나 이곳의 안동 김씨는 원래 양반이 주류를 이루었다. 1678년 16호의 안동 김씨 가운데 11호가 양반이었고, 1732년에도

7호 가운데 6호가 상층의 직역을 가지고 있었다. 하지만 18세기 중엽 이후 안동 김씨 호는 대폭 줄어들고 상층 직역자의 비중도 감소하면서 이들의 지역 내 영향력도 쇠퇴할 수밖에 없었다. 19세기 중엽 당시, 지역 내 영향력이 없으면서 뿌리가 양반으로 연결되는 성관이라는 측면은 수봉의 후손들에게 매우 매력적이었다.

수봉의 후손들이 주목한 것은 바로 이 점이었다. 양반 출신이 다수였던 본관으로의 변경에 따른 외부의 저항, 즉 원래 안동 김씨들의 압박에 대한 부담이 적었던 것이다. 만일 자신의 거주지 주변에 안동 김씨들이 여전히 위세를 떨치고 있었다면 쉽게 본관을 바꾸기 어려웠을지도 모른다. 이를 기회로 수봉의 후손들은 1849년에 성관을 대거 안동 김씨로 바꿀 수 있었다. 이때 도산면의 안동 김씨는 모두 수봉의 후손이었으며, 원래의 안동 김씨들은 완전히 사라지고 없었다. 결국 이후로는 수봉의 후손들이 이 지역의 안동 김씨를 대표하게 되었다.

이들의 본관 변경에는 당시 중앙에서 권력을 잡고 있던 세력이 안동 김씨라는 세도 가문이었다는 점도 고려되었을 것이다. 안동 김씨의 사회적 위세가 어느 때보다 높았다는 사실도 그들에게는 불리할 것이 없었기 때문이다. 물론 그들은 중앙의 안동 김씨들과 아무런 상관이 없었다. 하지만 본관을 안동으로 바꾼 이상 시간이 흐르면서 자신들과 세도 가문과의 막연한 유대감이 형성될 것이고, 때로는 이를 조장하더라도 나쁠 것이 없었다.

설령 그런 의식이 전혀 없었다고 하더라도 그들은 이후 안동 김씨 구성원의 일부가 되었으며 또한 그렇게 행동하면서 살았다. 이는 18세기 초

수봉이 지역 내 구성원 수가 많고 대부분이 평민이었던 김해 김씨를 자신의 성관으로 선택했던 것과는 완전히 달랐다. 19세 중엽 그의 후손들은 이제 지역 내 구성원이 거의 없으면서 양반 성씨였던 안동 김씨를 새로운 성관으로 삼았다. 두 번의 도전 모두 사회적 성장을 목적으로 한 것이지만, 그들이 꿈꾸었던 대상은 전혀 달랐다.

심씨가의 침체

과거에 노비였던 수봉의 후손들이 사회적 성장을 거듭하는 동안 심정량 후손의 지위에는 어떠한 변화가 생겼을까? 원래 김수봉가와 심정량가의 목표는 신분의 차이만큼이나 완전히 달랐다. 김수봉가의 최종 귀착점이 유학이었다면, 심정량가는 이 유학에서 벗어나는 것이 꿈이었다. 양반들은 관직에 오르면 직역명이 유학에서 관직명으로 바뀌지만, 과거의 소과에만 급제해도 더 이상 유학으로 불리지는 않았다.

양반들은 소과에 통과하면 시험의 종류에 따라 생원이나 진사가 되고, 성균관에 입학해서 대과인 문과에 도전할 수 있는 기회를 얻었다. 하지만 과거 합격을 둘러싼 양반들의 경쟁은 갈수록 치열해지는 반면, 정치권력은 점점 서울의 노론 세력에 집중되면서 문과는커녕 소과 합격도 쉽지 않은 상황이었다. 간간이 문과 급제자가 나왔던 지역에서조차 소과 합격자도 찾기 어려워지면서, 대다수의 양반들은 평생 유학으로 살아가기 마련이었다.

심정량의 조상 가운데는 관직자들이 많이 있었으나 그 자신은 과거에 합격하지 못했다. 그의 네 아들 가운데 2명의 적자는 관직에 진출하기 위해 꾸준히 과거에 도전했다. 하지만 소과의 관문도 넘기가 쉽지 않아 그들은 호적에서 오랫동안 유학이라는 직역을 벗어던지지 못했다. 그러다가 적장자인 심함이 56세가 되던 1732년에 이르러 호적에서 그의 직역은 생원으로 바뀌었다. 3년 뒤에는 동생 심준도 52세의 나이에 진사로 기록되었다.

두 형제가 차례로 소과에 합격했던 것이다. 그들이 언제부터 과거 준비를 했는지는 알 수 없다. 젊은 나이에 도전을 시작했다면 수십 년이 지나 소과의 문턱을 넘은 것이다. 그래도 이제 그들은 더 이상 유학이 아니었다. 호적에서도 직역이 생원과 진사로 바뀌었지만, 지역 내에서도 심생원과 심진사 같이 좀 더 영예로운 호칭으로 불리며 살아갈 수 있게 되었다. 하지만 그들에게 더 이상의 행운은 따라주지 않았다. 두 사람은 적지 않은 나이에도 불구하고 성균관에 입학해 대과를 준비했지만 급제의 꿈을 이루지는 못했던 것이다.

심함과 심준 사후, 자손들은 호적에서 그들을 학생이 아닌 성균생원과 성균진사로 기재했다. 심정량의 아들들이 소과에 합격했으므로 이제 자손들 가운데 누군가 대과에 급제하면 오랜만에 심씨가에서 관직자가 등장하게 될 것이었다. 그러나 심정량의 손자, 증손자, 고손자 가운데 누구 하나 대과는 물론이고 소과의 관문도 넘어서지 못했다. 그들은 일평생 유학이었고, 죽어서는 학생이었던 것이다.

사실 청송 심씨는 15세기에 단성현에 이주해 왔지만, 족세(族勢)의 성장은 그렇게 현저하지 않았다. 과거 합격자가 가장 많았던 성관은 15세기에 역시 이곳으로 들어온 안동 권씨로, 31명의 생원과 진사, 12명의 문과 급제자를 배출했다. 뒤이어 성주 이씨와 상산 김씨 가문에서 많은 합격자가 나왔다. 청송 심씨가에서는 2명의 생원과 진사를 배출했는데, 이들이 바로 심정량의 아들들이다.

조선 후기에는 문과를 둘러싼 경쟁이 치열해지면서 일부 양반들은 무과로 목표를 돌리기도 했다. 조선의 양반 관료들은 오랫동안 무반을 차별했지만, 문과 급제가 어려웠던 일부 양반들이 무과를 통해 관직에 진출하기를 희망했던 것이다. 문과 진출이 비교적 많았던 이 지역의 안동 권씨 구성원 가운데서도 무과에 도전하는 이들이 늘어나서 조선 후기에만 24명의 급제자가 나왔다. 하지만 심정량의 후손 가운데 무과 급제자는 보이지 않았다.

다른 양반 가문과의 경쟁에서 우위를 차지하고 족세를 늘리기 위해서는 과거 급제자와 관직 진출자가 이어져야 하지만, 심씨가의 상황은 그렇지 못했다. 물론 이는 권력의 서울 집중 및 노론의 독점이라는 현실에서 대다수의 양반가가 겪는 어려움이기도 했다. 심씨가는 한때 경제력이라도 풍부했지만 그것도 갈수록 녹록치 않았다. 심정량의 후손 가운데 심이도는 1831년 29명의 노비를 호적에 올려놓았지만 도망가거나 죽지 않은 노비는 단 1명에 불과했다. 같은 해 심찬한 역시 32명 가운데 2명만 실제로 존재하는 노비였다.

19세기 양반들의 노비 소유 규모는 그 전에 비해 크게 줄어드는데, 심정량의 후손들 역시 호적에 소유 노비 이름만 잔뜩 올려놓았을 뿐 대다수는 통제 밖에 있었던 것이다. 양반들의 힘이 그전만 같지 않은 데다 중앙에서는 노론 계열의 수령을 지방에 파견해 양반들을 통제하고 압박했다. 반면 신분 차별의 벽을 넘고자 했던 하천민들의 도전과 성장은 갈수록 거세졌다. 기존의 양반들은 그들의 성장을 인정하려 들지 않으면서도 문중을 형성하고 그 활동을 확대하면서 위와 아래로부터의 도전에 맞섰다. 이 과정에서 부계를 중심으로 한 친족 문화가 발달하고, 그것은 다시 여타 계층으로 확산되었다.

3. 양반 문화의 수용

대를 잇기 위한 입양

조선 후기 양반의 가족과 친족은 부계를 중심으로 새롭게 탄생하는 변화를 맞았다. 처가살이의 전통은 시집살이로 전환되었고, 상속도 적장자를 우대하는 방식으로 바뀌었다. 결혼한 아들들은 그의 처가나 외가로 더이상 이주해 살지 않았다. 아들이 장가가는 것이 아니라 며느리가 시집을 오고, 그들 부부 사이에서 태어난 아들도 부인을 맞아들여 부모 곁에 머물렀다.

이러한 변화로 인해 할아버지에서 손자로 이어지는 부계가족이 당시양반가의 일반적인 모습이었다. 더구나 부모를 모시는 장남 외에 차남들도 주변에 모여 살았고, 그들의 친척들도 인근에 거주하면서 문중이 탄생했다. 때로는 동성 촌락으로 발전하기도 했다. 그런데 이러한 과정이 순조롭게 이루어지기 위해서는 반드시 필요한 조건이 하나 있었다. 그것은 바로 집집마다 대를 이을 수 있는 아들이 존재해야 한다는 점이다.

아들을 통해 가계를 이어야 한다는 관념은 적어도 조선 전기에는 그렇게 보편적이지 않았다. 아들이 없으면 딸을 통해, 딸마저 없으면 친족을 통해 제사나 재산은 상속될 수 있었다. 따라서 어느 가문이든 조선 전기에 살았던 인물들을 족보에서 찾아보면, 자식이 없어 대가 끊어졌음을 나타내는 무후(無后) 또는 아들 없이 딸만 두었다는 것을 보여주는 무남(無男)이란 표시를 곳곳에서 찾을 수 있다.

단성현의 대표적인 양반가인 안동 권씨 족보를 보면, 16세기 후반에 살았던 22세손 5명 가운데 3명이나 다음 세대에는 가계가 이어지지 않았다. 이들의 가계 단절 비율이 매우 높지만, 그만큼은 아니라고 하더라도 이후 이 가문에서 아들을 얻지 못했던 구성원은 5명에 1명꼴이었다. 그런데 문제는 조선 후기에 들어서 아들을 두지 못해 가계가 끊어지는 것을 대단한 불효로 여기는 관념이 생겨났다는 점이다.

양반들은 이제 가계의 단절을 막기 위해 입양을 적극적으로 고려하기 시작했다. 입양은 다양한 방식으로 존재했지만, 가계를 잇기 위해 같은 부계 혈연의 구성원 가운데 조카 항렬에 해당하는 이를 양자로 들인 것은 조선 후기에나 보편화된 현상이었다. 이 지역의 안동 권씨는 17세기 후반부터 본격적으로 가계 계승을 위한 양자를 들이기 시작했다. 이후 가계가 단절되는 비율은 점차 줄어들어, 대가 끊어지는 일은 매우 낯선 풍경으로 인식되었다.

수봉의 주인이었던 심정량 집안에서 입양이 시작된 것은 18세기부터였다. 심정량의 아들인 심준에게는 4명의 아들이 있었는데, 그 가운데 석우와 석주에게는 아들이 없었다. 이때 석주는 큰형 석범의 둘째 아들 일겸을 자신의 양자로 삼았다. 한편 석우는 사촌 형제였던 석초의 둘째 아들 일성을 양자로 데려왔다. 이리하여 심정량의 손자 8명 가운데 가계가 단절된 이는 아무도 없었다.

이러한 사실은 청송 심씨 족보를 통해 쉽게 확인할 수 있다. 그런데 족보가 아닌 호적에도 양자 관계는 뚜렷이 기재되어 있다.

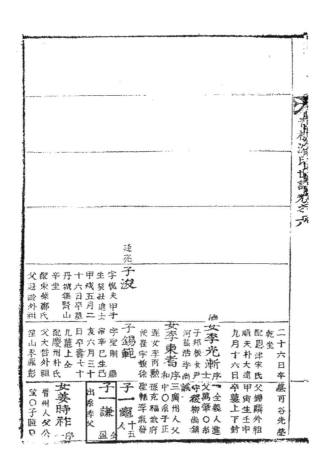

양자 심일겸의 족보

박스 부분을 보면 일겸은 '출계계부(出系季父)'라고 하여, 작은아버지 집에 양자로 갔음을 밝히고 있다.

유학 심일겸 나이 24세 기미생 본관 청송

아버지 학생 석주 생부 유학 석범 조부 성균진사 준

　幼學 沈一謙 年 貳拾肆 己未 本 靑松

　父 學生 錫疇 生父 幼學 錫範 祖 成均進士 浚

　　1762년 심일겸의 호적을 보면 그의 아버지는 학생 석주였다. 그런데 석주 다음에는 생부인 유학 석범이 기재되어 있다. 생부는 친아버지를 가리키는 용어다. 따라서 석주는 양아버지가 되는 것이다. 입양을 가면 양아버지가 형식적으로나 실질적으로 자신의 아버지가 되는 것이므로, 양아버지인 석주를 먼저 호적에 기재하고 원래의 혈연관계를 표시하기 위해 친아버지를 뒤에 표기했다.

　　아버지만이 아니라 어머니도 양어머니가 자신의 새로운 어머니가 된다. 이는 외조부에 대한 기록을 통해 확인할 수 있다. 심일겸의 친어머니는 경주 박씨로 대철의 딸이었다. 따라서 일겸의 원래 외조부는 박대철이었다. 하지만 그가 작은아버지인 석주에게로 양자를 갔으므로 석주의 부인인 진주 하씨가 새로운 어머니가 된다. 그러므로 호적에서도 양어머니인 하씨의 아버지, 즉 하덕장을 박대철 대신 외조부로 기재한 것이다.

　　이처럼 양자로 들어가면 아버지와 어머니를 비롯해 자신의 가계가 완전히 바뀌게 되었다. 하지만 입양을 할 때 입양 대상자의 대부분은 인근에 거주하는 조카 항렬의 인물 가운데서 선택되기 때문에 양자에게 있어서 입양 환경이 낯선 것은 아니었다. 부계친족 집단이 형성되어 그들이 같은 마을이나 인근에 모여 살면서 입양도 확산되었기 때문이다. 그러나 양자로 간 집안의 재산을 소유하고 제사를 지내며 가계를 이어야 할 책임이 있었기 때문에, 조선 사회는 양자가 양부모를 자신의 친부모로 모시도록 규제를 가했다.

한편 심일겸은 3년 전인 21세 때 친아버지인 석범의 호적에 등장하는데, 그때까지는 결혼을 하지 않았다. 그런데 3년 뒤에는 한 살 위의 임씨와 혼인을 하고 석주에게로 양자를 간 것으로 확인된다. 양아버지 석주는 1717년에 태어나 1746년 30세의 젊은 나이로 세상을 떠났다. 양어머니인 하씨도 이보다 4년 전에 이미 세상을 떠나고 없었다. 결국 작은아버지 심석주 부부는 자식 없이 젊은 나이에 모두 사망한 것이다.

따라서 그의 큰형 심석범은 자신의 둘째 아들 일겸을 죽은 동생 부부의 양자로 삼아 동생의 가계가 이어지도록 했다. 양자는 친아버지와 양아버지가 모두 생존해 있을 때 결정되기도 하지만, 이처럼 양아버지나 혹은 양부모가 모두 젊은 나이에 사망했을 때는 사후에 정해지기도 했다. 어떤 형식이든 간에 목적은 아들이 없는 집의 가계 계승이었다. 이는 형제, 사촌, 육촌 때로는 20촌이나 30촌이 넘는 부계친족들의 협조가 있어서 가능한 일이기도 했다. 시간이 흐를수록 양자의 대상 범위는 넓어졌고, 이에 따라 양아버지와 친아버지의 촌수도 멀어졌기 때문이다.

일시적인 입양

입양은 일단 결정되면 그 관계에 매우 특별한 문제가 일어나지 않는

한 지속되었다. 이는 세월이 흘러 세대가 바뀌어도 변함이 없었다. 입양이 일시적으로만 유지되는 경우도 있었는데, 주로 하천민들에게서 나타나는 현상이었다. 하천민들에게 족보는 없지만, 호적을 보면 그들도 분명히 양자를 들이고 있었다. 평민은 물론 노비층에도 양자가 존재했으며, 때로는 양아버지와 양자의 성씨가 다른 경우도 있었다.

성씨가 다른 양자는 조선 전기에 여러 사례가 있었는데, 조선 후기에 가계 계승의 목적이 강했던 양반가의 입양에서는 상상하기 어려운 일이었다. 그러므로 조선 후기에 성씨가 다른 양자의 입양이 보인다면, 이는 양반가가 아닌 하천민층에서 노동력 확보나 노후 봉양 등을 목적으로 한 입양으로 추정할 수 있다. 조선 사회에서 성씨가 다른 이를 가계 계승을 위한 양자로 들일 수는 없기 때문이다.

양반 남성들에게 있어서 양자는 자신과 성씨가 같으며 부계 혈통을 나누어 가진 자여야만 했다. 더구나 가문 내에서의 세대 간 순차적 연결을 위해, 입양 대상자는 양아버지의 조카 항렬에 해당하는 친족이어야 했다. 한편으로 적자와 서자 간의 차별이 강화되고 적자를 통해 가계를 계승해야 한다는 인식이 확산되면서, 적자는 없지만 서자가 있는 집안에서도 양자를 들였다. 이는 조선 사회의 기준이 되었던 중국의 가족제도와 다른 현상으로, 조선의 신분 질서가 그만큼 더 완고했음을 보여주는 것이다.

하천민들도 부계의 조카 항렬을 대상으로 입양을 하기도 했는데, 양반과는 차이점이 있었다. 1750년 법물야면 가술촌의 평민 군역자였던 변담의 호적을 살펴보자.

변해석 대자 마군 변담 나이 27세 갑진생 본관 밀양

양아버지 해석 나이 67세 갑자생 양어머니 배소사 나이 66세 을축생

조부 납통정 해립 증조부 정병 해룡 외조부 정병 배자립 본관 김해

卞海石 代子 馬軍 卞淡 年 貳拾柒 甲辰 本 密陽

養父 海石 年 陸拾柒 甲子 養母 裵召史 年 陸拾陸 乙丑

祖 納通政 海立 曾祖 正兵 海龍 外祖 正兵 裵自立 本 金海

양반가의 호적과는 달리 생부에 대한 표기가 명확하지 않은데, 변담의 생부는 변해달이라는 이였다. 1720년 호적을 보면 해달의 아버지 해립에게는 해석, 해발, 해달 등 모두 3명의 아들이 있었다. 그리고 해립에게는 해금이라는 형제가 있었다. 이 해금이 바로 김홍발의 부인인 변소사의 아버지이다. 따라서 변담의 할아버지 해립은 김홍발에게는 처삼촌이 되는 이로, 이들 변씨들은 수봉가와도 인연이 있는 집안인 셈이다.

해립의 장남인 해석에게는 동생들과 달리 아들이 없었다. 그에게는 해단이라는 딸이 있었는데, 1732년에 이미 사망한 상태였다. 이 집안은 해룡 – 해립 – 해석 – 해단으로 이어지는 사대의 이름에 모두 바다 해(海) 자가 들어가 있다. 항렬을 전혀 고려하지 않고 편의대로 이름을 지은 것이다.

그런데 3년 뒤 변해석의 호적에는 담이(淡伊)라는 아홉 살짜리 아들이 1명 나타난다. 그리고는 호적이 멸실되어 보이지 않다가 1750년에 해석의 양아들로 변담이 등장하는 것이다. 이때 변담은 담이와 같은 인물로 생각된다. 원래의 담이는 이때 24세가 되어야 하지만, 변담은 27세로 세 살이 늘어났다. 이는 호적에서 흔히 발생하는 일이다. 더구나 두 사람의 이름에

들어가는 담(淡)이란 한자가 같다. 결국 아들이 없었던 해석은 막냇동생인 해달의 어린 아들 담을 양자로 데려와 키웠다고 할 수 있다.

변담이 조금 어릴 때 양자가 되기는 했지만, 이는 양반가의 입양 방식과 큰 차이가 없어 보인다. 하지만 몇 년 뒤의 호적에서 문제가 발생했다. 1759년에는 변담의 양아버지 해석과 양어머니 배소사가 이미 사망한 뒤였다. 양반가에서는 양부모가 사망하더라도 일단 입양이 이루어지면 양자의 아버지를 기록하는 부분에 반드시 양아버지의 이름을 써야 한다. 그런데 이때 변담은 자신의 아버지를 해석이 아닌 친아버지 해달로 신고했다. 더구나 아버지만 바뀐 것이 아니었다. 자신의 외조부도 9년 전의 배자립에서 정계휘란 인물로 바뀌었다. 친어머니의 아버지, 곧 친외조부로 바뀐 것이다. 이는 다시 말하면, 변해석과 변담 사이의 입양 관계가 양부모가 죽은 뒤 청산된 것을 의미한다. 양부모가 죽었다고 해서 입양 관계가 흔들리는 것은 양반가에서는 생각하기 어려운 일이다.

변담이 큰집에 양자를 간 것은 양반들과 달리 가계 계승보다 양부모의 봉양 등 다른 데 목적이 있었으며, 그 목적이 사라지면서 입양 관계도 끝나 버린 것이다. 하천민들의 입양은 이처럼 그 관계가 불안정하거나 양부모가 생존해 있는 동안만 유지되는 사례가 많았다. 가계 계승을 위한 입양은 양자가 양아버지의 가계를 잇는 것이므로 양부모의 생존 여부와는 관계가 없었다. 그렇게 만들어진 부자 관계는 양자의 후손들에게도 자연스럽게 받아들여졌으며, 족보나 호적의 기록에도 반영되었다. 반면 변담처럼 하천민들의 입양에서는 아직 이러한 장기적인 지속성을 확보하지 못한 경우가 많았다.

입양의 수용

　수봉의 후손들에게는 변담처럼 일시적으로만 입양 관계가 유지된 경우가 없었다. 오히려 양반으로의 성장을 도모하면서 양반가의 가족 문화를 적극적으로 받아들이고 있었다. 그들도 가계 계승을 위한 입양을 추진했던 것이다. 소수이기는 하지만 18세기 후반이 되면서 하천민들도 가계 계승을 위한 입양을 했고, 그 관계는 후세까지 지속되었다. 안정적인 가계 계승이라는 양반들의 관심이 아래 계층으로도 이동하고 있었던 것이다.

　하천민 일부가 관심을 가진 이상, 이미 유학으로 성장하고 있었던 수봉가에서 입양을 적극적으로 고려하는 것은 자연스러운 일이었다. 아들로 이어지는 가문이라는 관념은 양반가가 지닌 가족 문화의 핵심적인 실체였으므로, 직역과 본관을 바꾸는 외형적인 성장 외에 양반가의 문화를 하나씩 내면화하는 과정이 필요했기 때문이다. 더구나 아들에 대한 희구는 이미 양반가의 전유물도 아니었다.

　수봉의 후손 가운데 기록상 최초로 양자가 된 이는 수봉의 고손자 김종도였다.

유학 김종도 나이 78세 임진생 본관 안동
아버지 학생 정대 생부 학생 성대 조부 학생 세흠

　幼學 金宗圖 年 柒什捌 壬辰 本 安東

　父 學生 鼎大 生父 學生 成大 祖 學生 世欽

1849년에 유학 김종도는 친아버지가 성대, 양아버지는 성대의 형인 정대였다. 이때 종도의 나이는 이미 78세나 되었고, 양아버지나 친아버지는 모두 사망한 상태였다. 양부모가 사망한 뒤에도 입양 관계는 계속 유지되고 있었던 것이다. 이는 조카가 큰집의 양자로 들어가 가계를 계승하는 조선 후기 입양의 전형적인 형태에 속한다. 다만 그가 언제 입양이 되었는지는 알 수 없다. 1849년 이전인 1831년 호적에도 입양 사실이 기록되어 있는데, 그전의 호적이 남아 있지 않아 입양 시기를 추측하기 어려운 것이다.

만일 그가 20대에 입양이 되었다면, 그 시기는 대략 18세기 말에서 19세기 초 무렵이다. 양반들이 입양을 시작한 시기보다는 다소 늦다. 하지만 중요한 것은 수봉가에서도 양반들의 가족 문화를 수용 혹은 모방하고 있다는 점이다. 단순히 노동력을 확보하거나 노후 봉양을 위해 일시적으로 데려온 양자가 아니라 가계를 잇기 위한 양자의 등장은, 수봉가의 가족사에서 획기적인 일이었다.

양자 종도는 양부모의 재산을 물려받았을 것이고, 그들을 위해 매년 제사를 지냈을 것이다. 그리고 자신의 아들에게도 그러한 관계가 지속되도록 당부했음이 틀림없다. 실제 종도의 아들은 호적에서 그의 할아버지를 분명하게 성대가 아닌 정대로 기재했다. 정대의 가계는 단절되지 않고 양자와 그의 후손들을 통해 이어지고 있었던 것이다. 그것은 비양반층의 일시적인 입양과는 전적으로 다른 현상이었다.

물론 수봉의 후손 전체가 호적에 등장하는 것은 아니어서, 김종도로부터 시작된 입양이 이 집안에서 얼마나 확산되고 있었는지는 정확하게 확인하기 어렵다. 양자의 촌수나 나이 등, 양반가의 입양에서 검토가 가능한 내용도 유추하기 어렵다. 그렇지만 입양의 물꼬가 트인 이상, 아들이 없는 그의 친족이나 후손들도 자연스럽게 관심을 보였다. 실제 이 집안에서는 종도 이후 가계 계승을 위한 입양 사례가 여러 건이 확인된다.

부계가족의 탄생

조선 후기의 양반들은 가계를 이을 아들을 원했다. 아들을 출산하지 못한 부부의 압박감은 매우 컸지만, 입양이라는 장치가 있어서 가계 단절은 면할 수 있었다. 그래도 인간적으로는 조카 항렬의 친족보다는 자신의 혈통인 친아들이 가계를 잇기를 바랐다. 입양을 결정할 때 양부모의 나이가 대개 50세 이상이었던 사실은 끝까지 친아들 출산을 기다렸다가 양자를 들였음을 보여준다.

이러한 친자 출산에 대한 염원을 뒤로하고 양자를 데려올 때 양부모와 양자는 서로를 친부모와 자식으로 대우해야 했다. 그래야만 가계 계승이 원활할 수 있었다. 또한 어쩔 수 없이 입양을 선택하더라도 자신의 친아들을 내어주는 입양 대상이 되는 가계의 입장도 헤아려야 했다. 입양 대상자의 가계 역시 친형제든 사촌이나 육촌 혹은 그 이상의 형제간이든 간에, 아들이 없어 대가 끊어질 위기에 있는 친족의 어려움에 공감해야 했다. 그래야만 양자를 주고받는 것에 무리가 따르지 않기 때문이다.

이를 현실적으로 가능하게 한 것은 부계친족 집단의 존재였다. 17세기 후반 이래 양반가에서는 부계친족 집단이 형성되고 강화되면서, 이를 배경으로 입양이 확산될 수 있었다. 수봉가에서는 18세기 말 이후에나 입양이 시작되었으니, 시간의 간격은 분명 존재했다. 그래도 수봉의 후손들은 양반들과 마찬가지로 형제간에서 시작해 입양의 범위를 확대해 나갔다. 이는 분명 그들에게도 부계친족 집단이 만들어지고 있었음을 의미하는 것이다.

하천민들이 유학으로 성장해 나간 것에 대해 전통 양반들은 내심 불쾌해 했지만, 부계친족 집단이 형성되는 것에 대해 그들은 할 말이 없었다. 부계와 모계를 모두 중시했던 양계적 친족 질서 때문에 쉽게 현실화되지 않았지만, 부계가족과 친족 집단의 탄생은 조선 양반들이 오랫동안 이상으로 생각했던 가족 문화이자 친족 문화였기 때문이다. 부계가족의 발달에 따른 구성원 사이의 상호부조와 조상숭배는 그들로서도 장려해야 할 일이었다.

수봉의 후손들은 생존을 위해 때로는 새로운 성장을 위해 여러 곳으로 흩어져 나갔다. 그 과정에서 상호 접촉이 완전히 두절되고 대마저 끊어져 버린 이들도 있었다. 하지만 조금씩 특정 마을에 집거하는 경향이 생겨났고, 거주지가 달라도 같은 친족 집단의 일원이라는 유대감도 형성되고 있었다. 문중 활동으로 대표되는, 사회적 지위가 높고 경제력이 월등한 양반가의 친족 문화를 곧바로 흉내 내기는 어려웠지만, 그들이 걸어간 길을 시간을 두고 조금씩 뒤밟아 나갔다.

오랜 시간이 흘러 그들이 족보를 만들게 되었을 때, 그들은 친족 가운데 조선 후기에 활동했던 인물들을 상당수 기록했다. 이는 수봉의 후손들이 특정 시점에서 조상에 대한 기억과 기록을 반추할 수 있을 만큼, 부계친족 집단이 오래 전에 만들어져서 장기간 유지되지 않았더라면 불가능한 일이었다. 한편으로 이러한 활동은 양반을 향한 그들의 꿈이 양반 신분제가 철폐된 근대 이후로도 지속되었음을 보여주는 것이기도 하다.

물론 그들 족보의 기록이 모두 정확한 것은 아니었고, 가계 이력을 입증하기 어려운 측면도 많다. 하지만 그것은 전통 양반가의 족보에서도 흔히 있는 일이었다. 현존하는 가장 오래된 족보는 1476년에 간행된 안동 권씨 성화보(成化譜)이다. 안동 권씨의 시조는 고려의 건국 과정에 활동했으므로, 성화보가 만들어지기 5백여 년 전에 살았던 인물이다. 그래서 이 집안 족보에는 초기 인물에 관한 기록이 매우 소략하다.

그것은 안동 권씨만의 문제는 아니었다. 성화보 편찬에 간여한 서거정(徐居正)이 "우리나라는 원래 족보가 없어서 명문 집안도 몇 세대가 지나면 조상의 이름을 제대로 모른다"라고 할 정도였다. 성화보가 그 정도라면, 그보다 뒤에 간행된 족보는 더 말할 것도 없다. 족보 간행은 시간이 갈수록 확대되었고, 성관이나 문중 사이의 우열도 벌어지면서 족보에서 조상에 대한 기록을 조작하거나 윤색하는 일들이 일어났다. 때로는 가계 이력 자체가 바뀌거나 위조된 족보도 만들어졌다.

모두 다 신분 사회 혹은 개인의 능력 이상으로 조상의 지위가 후손에게 미치는 영향이 컸던 조선 사회의 한 단면이다. 양반들이 그럴진대 근대나 현대사회에서 처음 족보를 만드는 가계에서 일정한 조작이 가해지는 것은 어쩔 수 없는 일이기도 했다. 결국 족보가 얼마만큼 사실을 전하고 있는가 하는 문제보다는, 족보 그 자체가 부계친족 집단의 발달과 양반 지향 의식의 산물이라는 점에 무게를 두어야 할 것 같다.

이처럼 김수봉의 가계 같이 어느 정도 경제력을 갖춘 하천민들은 오랜 기간을 통해 양반층과의 동질화를 꾸준하게 추구해 나갔다. 물론 그렇다고 해서 하천민이 양반이 되었다거나 양반으로 대접을 받았다고 말하기는 어렵다. 양반들은 오랫동안 이어진 배타적 기득권을 강하게 존속시키려 했고, 그들의 세계에 다른 계층이 진입하는 것을 쉽게 용납하지 않았다. 그럼에도 불구하고 하천민들은 양반과의 사회적 간격을 끊임없이 좁혀 나갔다. 이러한 노력은 조선 후기 내내 지속되었고, 근대사회 이후로도 중단되지 않았다. 김수봉 가계는 그러한 삶의 방식을 보여주는 수많은 이들 가운데 하나일 뿐이다.

4. 이루지 못한 것들

동성 촌락

1930년대 일본인의 조사에 따르면, 조선의 촌락 2만 8천여 개 가운데 절반이 넘는 1만 4천 개 이상이 동성 촌락이었다고 한다. 이 조사는 동성 촌락의 범주를 지나치게 넓게 잡은 문제가 있기는 하지만, 당시 많은 촌락에서 특정 성관이 모여 사는 경향을 보였다는 점은 충분히 확인할 수 있다. 이러한 전통은 비교적 근래까지 이어져, 명절날 자신의 고향 마을에서 멀고 가까운 친척들을 마주칠 기회를 갖는 사람들이 여전히 많은 실정이다.

동성 촌락은 부계친족 문화가 발달한 여파로 18세기 전통 양반가의 거주지에서 본격적으로 확산되어 나갔다. 그런데 다소 과장이 있다고 하더라도 1930년대에 거의 절반이 동성 촌락이었다면, 양반들의 촌락만으로는 그 수를 다 채울 수가 없다. 그 가운데는 평민층에서부터 성장한 이들의 동성 촌락도 상당수 포함되어 있었던 것이다. 실제로 단성에서는 19세기 전반 혹은 후반에 동성 촌락을 형성해 나갔던 여러 성관의 평민 집단들이 존재했다.

양반 문화가 시차를 두며 아래로 흘러갔던 것처럼, 동성 촌락 역시 양반들보다 한 세기 이상 늦은 시점에서 평민층으로 전파되었다. 한 가지 예로 북동면에 있는 한 촌락의 경우, 1825년부터 전체 호수 가운데 진주 강씨가 차지하는 비중이 70%를 넘어섰다. 법물야면에 있는 또 다른 촌락의 경우, 달성 서씨는 이보다 다소 늦은 1861년 호적에서부터 촌락 내 비중이 80%를 넘어섰다. 이에 따라 같이 동거했던 몇몇 다른 성씨들을 제치고 이들이 촌락의 주도권을 완전히 장악했다.

두 성씨는 원래 이 지역의 전통 양반층에 포함되어 있지 않았다. 이들은 평민 군역자에서 시작해 19세기에 들어 서서히 유학으로의 진입을 시도했다. 그 결과 19세기 후반에는 구성원의 상당수가 유학으로 성장했고, 19세기 말에는 호적에 등장하는 모든 이들이 유학이라는 직역을 얻었다. 동성 촌락의 형성과 발전이 유학으로의 성장과 비슷한 시기에 맞물려 있었던 것이다.

이들 외에도 단성 지역에는 비양반층이면서 동성 촌락을 만들어 나간 여러 성관들이 존재했다. 하지만 수봉의 후손들은 끝내 동성 촌락을 만들지 못했다. 수봉의 후손들은 원산, 용흥, 등광 등 여러 촌락으로 뻗어 나갔지만 어떤 곳에서도 동성 촌락을 이루었다고 할 만큼 주민의 다수를 점하는 데는 실패했다. 그것은 북동의 강씨나 법물야면의 서씨만큼 친족 구성원 상호 간의 결속력이 크지 않았기 때문에 빚어진 결과였다.

오히려 그들의 일부는 단성 내 다른 곳으로 계속 흩어져 나갔고, 또 다른 일부는 단성을 벗어나 이웃 군현으로 거주지를 옮겼다. 수봉이 노비에서부터 시작한 이상, 처음부터 양반이나 평민 신분이었던 이들보다 성장 기반이 취약했음은 부정할 수 없다. 일정한 경제력을 기반으로 노비에서 벗어나고 결국 유학에까지 이르렀지만, 전반적인 지위 상승의 과정은 여타 계층에 비해 훨씬 길어질 수밖에 없었다.

더구나 수봉은 자신의 주인가와 거주지가 인접해 있었기 때문에, 그곳을 기반으로 삼아 대대로 이어갈 터전을 만들어 나가기가 어려웠다. 그들에게는 이주가 필요했기에 여러 촌락에서 발전 가능성을 실험했다. 하지만 한곳에서 응집된 힘을 보여줄 만큼 결속력이 강하지는 못했다. 이는 수봉가가 가진 성장의 한계이기도 했다. 앞서 언급한 법물야면의 서씨는 그들이 거주했던 촌락을 중심으로 강력하게 결속했고, 동리 단위의 향약에 적극적으로 참여하는 등의 방법으로 마을 내 주도권을 장악했다.

수봉가의 힘이 거기에는 미치지 못했지만, 그들 역시 부계친족 집단을 발전시키고 있었음은 앞서 말한 바와 같다. 단성은 물론 인근 군현으로 흩어져 거주했지만, 그들이 조상을 같이 하는 친족 집단이라는 의식을 19세기 이후 강하게 유지해 나갔다. 더불어 친족 간의 상호 결속도 확대되면서 동성 촌락은 아니더라도 한 촌락 내에 같이 거주하는 친족 구성원의 수를 점차 늘려 나갔다.

전통 양반 성씨와의 통혼

유학으로 성장한 수봉의 후손들과 기존 양반들과의 관계는 어떠했을까? 전통적인 양반들은 유학이 된 수봉의 후손들을 인정하고 있었을까? 그에 대한 해답의 하나를 통혼 관계에서 찾아볼 수 있다. 이 지역의 전통 양반 세력이 수봉의 후손들과 혼인을 맺었다면 수봉가의 성장을 양반들도 인정한 것으로 볼 수 있다. 반면 혼인을 기피하고 있었다면 양반들은 그들의 세계에 수봉의 후손들을 받아들이지 않은 것으로 간주할 수 있다.

유학이 된 수봉 후손들의 배우자 성관을 보니 장수 황씨, 창녕 성씨, 진주 강씨, 은진 송씨, 남평 문씨, 제주 고씨 등이 있었다. 이 지역에서 가장 유력한 양반가는 성주 이씨, 안동 권씨, 상산 김씨, 합천 이씨 등이었으므로, 수봉의 후손들은 이들 유력 양반들과는 혼인을 맺지 못했음을 알 수 있다. 지역의 전통 양반들은 여전히 유력한 양반들과 통혼 관계를 형성했을 뿐 새로이 성장한 이들을 혼인 대상자로 받아들이지 않았던 것이다.

그렇다면 유학이 된 수봉 후손의 배우자들은 어떠한 가계 출신이었는지 살펴볼 필요가 있다. 하지만 단성 호적에서 그들을 찾기는 쉽지 않았다. 단성이 아닌 인근 군현에서 시집온 이들이어서 그럴 수도 있고, 아니면 호적에서 조상들의 이름이 바뀌었거나 아예 누락되었기 때문일 수도 있다. 만일 후자라면 그 가계가 양반으로 연결되기 어렵다. 다만 은진 송씨의 경우 가계가 확인되는데, 대대로 향리를 지낸 집안의 여성이었다.

유학이 된 수봉의 후손 가운데 전통 양반가와 혼인을 맺은 경우는 뚜렷하게 보이지 않고, 향리 가문과의 혼인만 확인되는 것이다. 아마도 이 지역의 전통 양반층들은 아래로부터 성장해온 수봉가와 통혼하기를 아직은 꺼렸던 것으로 추측할 수 있다. 이는 수봉가의 후손들을 바라보는 양반들의 시선을 짐작할 수 있는 한 단면이다. 양반들의 사회적 지위는 하락해 나갔지만, 다른 계층을 향한 그들 내부의 폐쇄성은 여전했던 것이다.

이는 수봉가만의 현실이 아니었다. 수봉의 후손들보다 유학으로의 성장이 더욱 현저했고 동성 촌락까지 형성해 나갔던 북동면의 진주 강씨나 법물야면의 달성 서씨의 경우에도 지역 양반들과의 통혼은 쉽지 않았다. 북동면의 강씨는 19세기 들어 2명의 안동 권씨 여성을 배우자로 맞았지만,

그들의 가계는 전통 양반가로 연결되지 못했다. 법물야면의 서씨 역시 합천 이씨와 혼인한 사례가 있지만, 그 가계 역시 전통 양반가는 아니었다.

오히려 이들 강씨나 서씨가 혼인을 맺은 최대의 성관은 김해 김씨였고, 다음은 밀양 박씨였다. 이 지역의 김해 김씨는 대개 평민층이 많았고, 밀양 박씨는 양반과 평민들이 섞여 있었지만, 두 집단의 배우자는 보통 평민가 출신이었다. 결국 수봉의 후손들 이상으로 강한 응집력을 가지고 사회적 성장을 도모했던 이들로서도 전통 양반 집단과의 통혼은 쉽지 않았던 것이다.

19세기에는 양반들 가운데 경제적인 어려움을 겪고 있는 이들이 많았다. 그들은 더 이상 양반이라는 허울만으로는 살아갈 수가 없었다. 책을 내려놓고 농기구를 들어야 할 형편에 놓인 이들도 적지 않았다. 양반 출신의 소작인도 그러한 부류에 속하는 인물들이었다. 다행히도 그들은 같은 친족의 토지를 경작할 수 있어서 하천민들보다는 상황이 나았다. 그렇다고 해서 그들이 비양반 출신과 거리낌 없이 통혼을 한 것으로 보이지는 않는다.

양반들은 적자가 없으면 비록 자신의 서자가 있더라도 입양을 감행했다. 서자를 통한 가계 계승으로 가문의 위신이 떨어질까 염려해서였다. 그러한 이들이 생활이 어려워졌다고 해서 비양반 출신과 통혼을 고려하기는 쉽지 않았다. 설령 이름뿐일지라도 자신이 속한 가계의 격이 떨어진다고 생각했을 것이다. 이런 폐쇄성 때문에 유학으로 성장한 이들이 전통 양반가의 후손들과 혼인을 맺기는 어려웠다. 수봉의 후손들 역시 양반들과 같은 직역을 얻고 그들의 문화를 수용해 나갔음에도 불구하고 양반들의 세계로 직접 발을 들여놓기는 힘들었다. 그것이 가능하기 위해서는 훨씬 더 많은 시간이 필요했다.

학문적 성취

양반을 양반답게 만드는 것 중의 하나는 직계 조상 가운데 과거에 합격해 관료로 진출한 이가 있는지, 학문적 명망을 주위에 드날린 이가 있는지의 여부였다. 물론 양반임을 자처하는 인물 스스로도 학문적 소양을 갖추고 과거에도 도전해야 했다. 하지만 지방 양반들은 설사 과거 준비에 매진하더라도 실제로 합격하기 힘들었고, 혹 합격을 하더라도 고위 관료로 승진하기가 매우 어려웠다.

물론 관료 진출의 길이 제한되었다고 하더라도 그들은 최소한의 학문적 소양을 갖추고 있었다. 양반의 자제들은 어릴 때 문자를 해독하고 부형이나 친족의 어른들로부터 유교 지식을 익혀 나갔다. 자라서는 서원에 출입하거나 인근의 이름 있는 학자의 문하에 들어가 학문을 넓히는 것도 흔히 있는 일이었다. 학문에 대한 자질과 이후의 성취 여부를 떠나 이러한 활동은 양반을 양반답게 만들고 비양반 출신과 자신들을 구분 짓는 근거가 되기도 했다.

하천민에서 성장한 이들이 경제력을 바탕으로 유학이라는 직역을 얻고 양반의 문화를 모방하는 과정에서, 그들에게는 자연스럽게 교육과 학문에 대한 욕구가 형성되어 나갔다. 조선 사회는 양반 중심의 신분제 사회이면서 강력한 문치에 근거해 운영되었다. 문과 진출이 어려운 양반들 가운데는 무과로 돌아선 이들이 있었지만, 무과나 무관들은 문과나 문관들에 비해 많은 차별을 받았다.

양반을 지향했던 비양반층 출신들은 학문적 소양을 갖추는 것이 자신과 후손들의 사회적 성장에 미칠 영향을 잘 알고 있었다. 조선 후기에 들어 서당이 확산되면서 비양반층 자제들에 대한 교육 기회가 서서히 늘어난 것도 이와 관련이 있었다. 이러한 움직임은 근대 이후 새로운 교육제도와 학교에 대한 폭발적 관심으로 이어졌다. 교육을 받고 학문의 길로 접어드는 것은 그야말로 진정한 양반이 되는 과정이었다.

자료의 제한 때문이지만 수봉의 후손들이 실제 어떠한 교육을 받았는지 혹은 학문적 성취에 관심을 가졌는지는 알 수 없다. 현재로서는 19세기에 활동했던 수봉의 후손 가운데 학문적 성취를 이룬 경우는 없는 것으로 보인다. 하지만 이 지역의 평민 가계에서 성장한 인물 가운데 분명 유교 교육을 받고 학문적으로도 일정한 성과를 낸 이가 있었다.

앞서 말한 북동면의 강씨 가운데 강지형이라는 인물은 스스로 성리학을 공부했을 뿐만 아니라 그 지역의 아동들을 가르치기도 했다. 그는 단성을 떠나 호남의 한 고을로 옮겨가서도 교육 활동을 했고, 지역의 양반 사족들과 교류하면서 학문을 탐구했다. 그는 그 지역에서 양반으로 대우받았고, 학식을 갖춘 양반들과 마찬가지로 문집까지 남겼다. 결국 전통 양반들과 교류하고 그들로부터 인정을 받기 위해서는 일정한 학문적 성취가 뒷받침 되어야 했던 것이다.

강지형과 마찬가지로 19세기 말 무렵에 이 지역에 살면서 활동했던 정인수라는 인물도 평민 가계에 뿌리를 두고 있었지만 학문적 성취를 통해 문집을 남겼다. 그는 친족 자제의 교육을 위해 고향 마을에 서당을 설치했고, 조상에 대한 봉사에도 정성을 기울였다. 말년에는 찰방이라는 관직을 내려 받았으나 사양한 일도 있었다. 그 역시 지역 내 양반 사족들과 별문제 없이 교류했다.

두 인물의 사례는 분명 일반적인 경우는 아니었으며, 수봉의 후손들이 곧바로 흉내 낼 수 있는 것도 아니었다. 하지만 평민 가계 출신이면서 당당하게 양반들과 교류한 이들이 존재했으며, 그 바탕에는 유교적 지식과 학문적 소양이 자리하고 있었다. 이는 수봉가의 후손들처럼 일정한 사회적 성취를 이룬 이들의 다음 목표를 분명하게 만들었다. 그것은 자제들을 교육하는 것이었다.

유학으로의 상승은 양반들이 지닌 기득권의 일부를 비양반층이 향유하는 것이었고, 양반 문화의 수용은 양반 지향을 강하게 드러내면서 그들과의 간격을 좁혀 나가는 과정이었다. 이제 교육과 학문의 세계로 발을 들여놓는 것은 양반과의 동일시 혹은 그들을 앞서기 위한 노력이었다. 이러한 욕구는 근대 이후 더욱 강하게 분출되었고, 수봉의 후손들도 그 대열에 합류했다.

에필로그 ── 그들의 미래

　수봉가에 대한 추적은 여기에서 마무리하려고 한다. 2백여 년에 걸친 호적 기록을 통해 노비였던 수봉과 그의 후손들이 사회적 성장을 이루어 나가는 과정을 어느 정도 확인할 수 있었다. 수봉은 여러 세대에 걸쳐 삶을 옥죄었던 노비라는 사슬을 끊는 데 성공하고 성관을 갖추어 평민으로 새롭게 출발할 수 있었다. 그의 후손들도 장기간에 걸쳐 중간층으로, 다시 상층 유학으로 성장해 나갔으며, 이 과정에서 본관을 바꾸는 모험을 감행했고 양반의 가족 문화를 적극적으로 수용하기도 했다.

　수봉가의 이러한 움직임은 양반 중심의 신분제 사회였던 조선에서 하천민의 양반 지향을 드러내는 전형적인 사례이다. 하천민들이 양반과의 사이에 놓인 간극을 줄이는 데는 저항과 동화라는 두 가지 길이 있었다. 자료의 한계일 수도 있지만, 수봉가에서 양반 지배 질서에 저항하거나 그것을 파괴하는 움직임을 찾기는 어려웠다. 호적은 오히려 그들이 양반을 지향한 흔적만 곳곳에서 드러내고 있다.

　수봉가와 달리 사회적 지위의 지속적인 하락을 경험하고 있었던 양반들은, 성장한 하천민들이 자신들의 내부 세계에 접근하는 것을 여전히 원하지 않았다. 다만 교육을 받고 유교적 소양을 갖추었거나 학문적 성취를 이룬 일부 인물에 대해서는 교류를 받아들이기도 했다. 경제력에 기반을 둔 사회적 지위의 성장 이상으로 이제 교육과 지식이 새로운 성장의 동력이 되고 있었던 것이다.

수봉의 후손들은 부계가족 질서와 그 문화를 수용했고, 조상에 대한 봉사와 현창에도 관심을 기울였다. 더 시간이 지나서는 족보를 갖추고 후손들 간의 친목도 공고히 했다. 이 과정에서 양반 지향 의식은 일정한 현실적 실체를 확보하기에 이르렀으나, 사회적 성장을 위한 조상들의 노력은 후손들의 기억 속에서 의식적이든 무의식적이든 간에 점차 잊혀져갔다. 이는 수봉가만이 아니라 한국의 많은 가계가 걸어온 길이기도 했다.

여기에서 더 이상 수봉 후손들을 추적할 필요는 없을 것 같다. 근대 이후 제도로서의 신분제 이상으로 강고하게 남아 있었던 신분 관념도 서서히 해체되었다. 많은 이들이 양반 지향 의식을 현실에서 표출하면서 한국에서의 신분 관념은 역으로 해체되었다. 오늘날 양반은 일부 지역에서 문화적 전통을 내세우는 수단일 뿐 더 이상 현실적 의미를 갖지 못한다. 그럼에도 불구하고 자신의 가계가 노비로 연결된다는 사실을 흔쾌히 받아들일 사람은 없을 것 같다.

하지만 조선시대 하천민이라는 신분은 본인의 의지로 획득한 것이 아니었다. 그야말로 세상과 처음 대면하는 순간 자신의 신분이 이미 결정되어 있는 불가항력적인 것이었다. 허름한 초가에서 노비의 자식으로 태어나고 싶은 이들이 누가 있었겠는가. 자신들의 처지를 향상시키기 위한 하천민들의 노력은 자연스럽고도 치열한 것이었다. 그것 역시 수봉과 많은 이들이 걸어온 길이었다.

근대 이후 양반이고 싶어 했던 수봉 후손들의 욕구는 어느 정도 해소되었다. 하지만 그들은 계층 상승으로 가는 또 다른 사다리에 올라타야 했다. 한편으로는 미화되면서 다른 한편으로는 망각되어 가는 조상 이상으로 자신과 후손들이 맞닥뜨린 현실은 결코 녹록하지 않았다. 기회의 균등은 경쟁을 더욱 치열하게 했고, 오랜 염원이었던 교육에 대한 접근이 쉬워지면서 학력을 통한 상승 욕구는 갈수록 강화되었다.

학력은 새로운 성장의 도구가 되었고, 그 열매를 맛본 혹은 지켜본 세대들은 자녀들의 교육에 지대한 관심을 드러냈다. 그 과정에서 과거의 수봉 같이 성장의 기회를 잡은 많은 개인들이 탄생했다. 하지만 그것을 가능하게 한 그런 과정이 앞으로도 계속 이어질 것 같지는 않다. 오늘날 경제력과 학력은 서서히 특권화되면서 대물림될 조짐을 보이고 있다. 태어나면서 이미 출발선이 다른 신양반층이 만들어지고 있는 것이다.

그런 면에서 인간이 사회적으로 평등하다는 선언은 기회의 균등을 의미할 뿐 출생과 동시에 획득된 조건의 불평등을 염두에 둔 말은 아니다. 수봉가가 여러 세대에 걸쳐 좁혀 나간 심정량가와의 간극은 근래 들어 기회의 균등에도 불구하고 다시 벌어질 조짐을 보이고 있다. 성장으로 가는 사다리에서 밀려난 이들은 수봉가처럼 또다시 기회를 엿보며 장기간에 걸쳐 피나는 노력을 기울여야 할까? 수봉가의 후손들은, 심지어 심정량가의 후손들마저 그것이 현실에서 반복되지 않고 그저 흘러간 역사로 남기를 바랄지도 모르겠다.

더 읽어볼 만한 자료

▌ 단행본 ▌

김건태, 2004, 『조선시대 양반가의 농업경영』, 역사비평사

김성우, 2001, 『조선중기 국가와 사족』, 역사비평사

김용만, 1997, 『조선시대 사노비연구』, 집문당

김준형, 2000, 『조선후기 단성 사족층연구』, 아세아문화사

김택규, 1979, 『씨족부락의 구조연구』, 일조각

마르티나 도이힐러 저, 이훈상 역, 2003, 『한국 사회의 유교적 변환』, 아카넷

마크 피터슨 저, 김혜정 역, 2000, 『유교사회의 창출 — 조선 중기 입양제와 상속제의 변화』, 일조각

문숙자, 2004, 『조선시대 재산상속과 가족』, 경인문화사

미야지마 히로시 저, 노영구 역, 1996, 『양반; 역사적 실체를 찾아서』, 강

박미해, 2010, 『유교 가부장제와 가족, 가산』, 아카넷

손병규, 2007, 『호적 ; 1606-1923 호구기록으로 본 조선의 문화사』, 휴머니스트

송준호, 1987, 『조선사회사연구』, 일조각

안승준, 2007, 『조선전기 사노비의 사회 경제적 성격』, 경인문화사

이수건, 1979, 『영남사림파의 형성』, 영남대학교출판부

이수건 외, 2004, 『16세기 한국 고문서 연구』, 아카넷

이정수·김희호, 2006, 『조선시대 노비와 토지소유방식』, 경북대학교출판부

이해준, 1996, 『조선시기 촌락사회사』, 민족문화사

이준구, 1993, 『조선후기 신분직역변동연구』, 일조각

전경목, 2001, 『고문서를 통해서 본 우반동과 우반동 김씨의 역사』, 신아출판사

전형택, 1982, 『조선후기노비신분연구』, 일조각

정진영, 1998, 『조선시대 향촌사회사』, 한길사

지승종 외, 2000, 『근대사회변동과 양반』, 아세아문화사

히라키 마코토, 1982, 『조선후기 노비제 연구』, 지식산업사

호적대장 연구팀, 2003, 『단성호적대장연구』, 성균관대학교출판부

▌ 논문 ▌

구완회, 1985, 「조선 중엽 사족자녀의 속양과 혼인 ― 미암일기를 통한 사례 검토」, 『경북사학』
　　　　8, 경북대사학과

권내현, 2004, 「조선 후기 호적과 족보를 통한 동성촌락의 복원」, 『대동문화연구』 47, 성균관대
　　　　대동문화연구원

권내현, 2006, 「조선 후기 동성촌락 구성원의 통혼 양상」, 『한국사연구』 132, 한국사연구회

권내현, 2006, 「조선 초기 노비 상속과 균분의 실상」, 『한국사학보』 22, 고려사학회

권내현, 2008, 「조선 후기 입양의 시점과 범위에 대한 분석」, 『대동문화연구』, 성균관대대동문
　　　　화연구원

권내현, 2009, 「조선 후기 입양의 확산 추이와 수용 양상」, 『역사와 현실』 73, 한국역사연구회

권내현, 2010, 「조선 후기 평민 동성촌락의 성장」, 『민족문화연구』 52, 고려대민족문화연구원

권내현, 2012, 「양반을 향한 긴 여정 -조선 후기 어느 하천민 가계의 성장」, 『역사비평』 98, 역사
　　　　비평사

김건태, 2004, 「18세기 초혼과 재혼의 사회사 ― 단성호적을 중심으로」, 『역사와 현실』 51, 한국
　　　　역사연구회

김경란, 2008, 「조선 후기 무성층의 유성화 과정에 대한 분석 ― 단성지역을 중심으로」, 『대동문
　　　　화연구』 62, 성균관대대동문화연구원

김용만, 1983, 「조선시대 균분상속제에 관한 일연구 ― 그 변화요인의 역사적 성격을 중심으로」,
　　　　『대구사학』 23, 대구사학회

박경, 2005, 「조선 전기 수양·시양 자녀의 입양 형태 ― 16세기 분재기에 나타난 입양 형태의 변
　　　　화를 중심으로」, 『고문서연구』 27, 한국고문서학회

박용숙, 1984, 「조선후기 향촌사회구조에 관한 연구 ― 18, 19세기 동성혼을 중심으로」, 『부대사
　　　　학』 8, 부산대사학회

핫토리 다미오, 1978, 「조선시대후기의 양자수양에 관한 연구 — 동래정씨파보의 분석」, 『한국학보』 11, 일지사

송양섭, 2005, 「조선 후기 신분·직역 연구와 '직역체제'의 인식」, 『조선시대사학보』 34, 조선시대사학회

심재우, 2001, 「조선 후기 단성현 법물야면 유학호의 분포와 성격」, 『역사와 현실』 41, 한국역사연구회

은기수, 2004, 「가계계승의 다양성과 '종족전략'」, 『조선양반의 생활세계 — 의성 김씨 천전과 고문서 자료를 중심으로』, 백산서당

이수건, 1991, 「조선전기의 사회활동과 상속제도」, 『역사학보』 129, 역사학회

이영훈, 1987, 「고문서를 통해 본 조선전기 노비의 경제적 성격」, 『한국사학』 9, 한국사학회

이종서, 2004, 「조선전기 균분의식과 '집주'」, 『고문서연구』 25, 한국고문서학회

임학성, 1995, 「조선후기 사노비의 신분변동상에 관한 일연구 ; 17·18세기 단성호적의 사례분석」, 『인하사학』 3, 인하역사학회

정구복, 1989, 「고문서를 통해 본 조선조 양반의 의식 — 광산김씨 조천고문서를 중심으로」, 『한국사학』 10, 한국정신문화연구원

정진영, 1991, 「조선 후기 동성마을의 형성과 사회적 기능 — 영남지역의 한 두 반촌을 중심으로」, 『한국사론』 21, 국사편찬위원회

조강희, 1996, 「전통사회의 혼인에서 지연의 문제」, 『민족문화논총』 16, 영남대민족문화연구소

최윤진, 1992, 「1930년대 조선의 동족부락과 동족집단 — 단성지역 동족부락의 형성과정을 통해서 본 조선후기 향촌사회의 단면」, 『전라문화논총』 5, 전북대전라문화연구소

최재석, 1979, 「17세기 초의 동성혼 — 산음장적의 분석」, 『진단학보』 46, 진단학회

최재석, 1980, 「조선시대의 양자제와 친족조직」, 『역사학보』 86·87합집, 역사학회

한기범, 1992, 「조선후기 향촌사회의 족적결합 — 경상도 단성현의 실태분석」, 『호서사학』 19·20합집, 호서사학회